JOCELYNE TRUDELLE
TROUVÉE MORTE DANS SES LARMES
de Marie Laberge
est le cent quarante-cinquième ouvrage
publié chez
VLB ÉDITEUR.

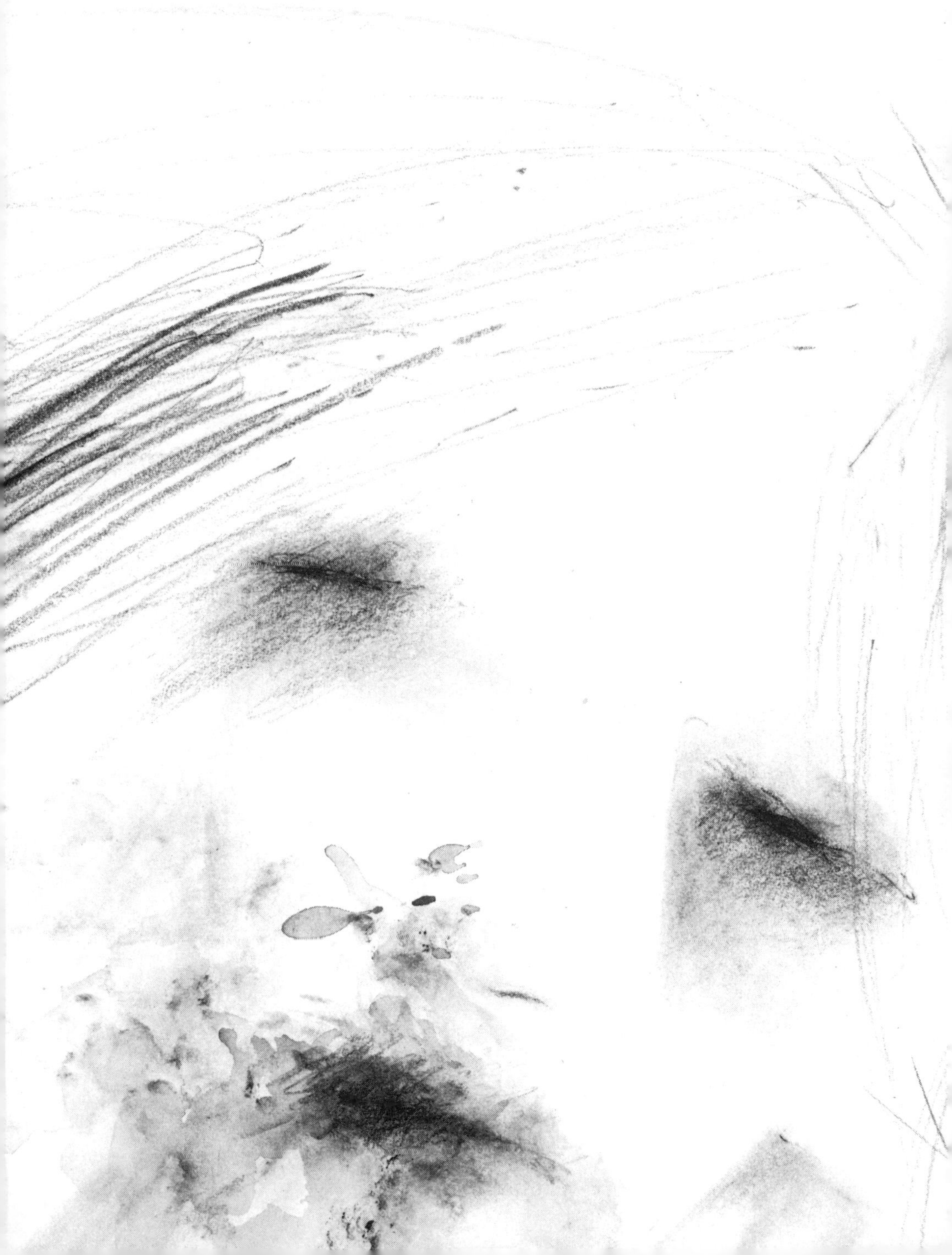

DU MÊME AUTEUR
CHEZ LE MÊME ÉDITEUR

C'ÉTAIT AVANT LA GUERRE À L'ANSE À GILLES

ILS ÉTAIENT VENUS POUR...

AVEC L'HIVER QUI S'EN VIENT

Marie Laberge

Jocelyne Trudelle trouvée morte dans ses larmes

théâtre

vlb éditeur

VLB ÉDITEUR
918, rue Sherbrooke Est
Montréal
H2L 1L2
Tél.: 524.2019

Maquette de la couverture:
Mario Leclerc

Illustrations:
Pierre Bruneau

Photocomposition:
Atelier LHR

Distribution en librairies et en tabagies:
AGENCE DE DISTRIBUTION POPULAIRE
955, rue Amherst
Montréal
H2L 3K4
Tél.: à Montréal — 523.1182
de l'extérieur — 1.800.361.4806
1.800.361.6894

Dépôt légal — 4e trimestre 1983
Bibliothèque nationale du Québec
ISBN 2-89005-091-2

C'est notre problème à tous. Toutes nos émotions vives sont liquidées l'une après l'autre. Pour je ne sais quelle raison, elles sont hors de propos à l'époque que nous vivons.

Doris Lessing,
Le carnet d'Or

Pour Louise Laberge
et Louise O'Neill

CE TEXTE A FAIT L'OBJET
DE DEUX LECTURES PUBLIQUES,
À MONTRÉAL, LE 9 MARS 1981 PAR LE
CENTRE D'ESSAI DES AUTEURS DRAMATIQUES
ET À QUÉBEC LE 23 MARS 1981 PAR LE
CENTRE DRAMATIQUE DU SUD.
DIRIGÉE PAR L'AUTEURE, LA LECTURE RÉUNISSAIT
LES ACTEURS SUIVANTS: MICHELINE BERNARD,
JOANE ÉMOND, DENISE GAGNON,
MARIE-HÉLÈNE GAGNON, JEAN-MARIE LEMIEUX,
REYNALD ROBINSON ET MANON VALLÉE.
LE PIANISTE MARIO FRASER IMPROVISAIT LES PASSAGES
MUSICAUX SUR UN THÈME DE JEAN-FERNAND GIRARD.

PERSONNAGES

JOCELYNE TRUDELLE	21 ANS VENDEUSE
MADAME TRUDELLE	43 ANS MÈRE DE JOCELYNE
LUCIE FECTEAU	21 ANS L'INFIRMIÈRE DE JOUR. ZÉLÉE, ELLE COMMENCE À APPLIQUER LA THÉORIE QU'ELLE A APPRISE. AFFECTÉE À L'URGENCE DEPUIS DEUX JOURS.
CAROLE PRÉVOST	22 ANS L'AMIE DE JOCELYNE. VENDEUSE AUSSI.
GEORGES TRUDELLE	45 ANS. PÈRE DE JOCELYNE. TRAVAILLEUR D'USINE.
INFIRMIÈRE DE NUIT	LA QUARANTAINE MAIS FAIT PLUS VIEILLE. PAS ZÉLÉE DU TOUT.
RICHARD (RIC)	23 ANS CHÔMEUR. VEND DE LA DOPE À L'OCCASION.
UN PIANISTE	UN HOMME. PERSONNAGE QUI DOIT AVOIR UN CERTAIN MAGNÉTISME. PLUS FASCINANT QUE BEAU.

Décors et costumes

La scène est divisée arbitrairement en trois parties. La principale, la chambre des soins intensifs: un lit (sans grand intérêt) qui aurait avantage à ne pas être au premier plan, une chaise laide et confortable d'hôpital, et une chaise droite. Certains accessoires nécessaires à l'ambiance des soins intensifs et aux tâches de l'infirmière: appareil à pression, sac de sang, sac de soluté, dossiers, oxygène, appareil à succion, et, si possible, un moniteur cardiaque.

Il est essentiel que Jocelyne ne soit pas dans le lit. *On peut, à la rigueur, y mettre une forme humaine, mais pas l'actrice.*

Les deux autres parties du décor auraient intérêt à n'être pas cloisonnées. Il s'agit: de la salle d'attente où l'on peut fumer et prendre un café. Cette petite pièce contient un mobilier réduit et sans beauté et bien sûr, quelques revues périmées.

Enfin, il y a le lieu où se trouve le pianiste. Très important, c'est ce lieu auquel Jocelyne aspire: la mort, le néant. D'une toute autre ambiance que les deux autres, il doit être là et non pas seulement suggéré. Le piano à queue est le seul élément de ce décor. À moins d'une allergie incontrôlable au bleu, j'aimerais que cette couleur domine en ce qui concerne la mort. Ce qui signifie pour moi que Jocelyne devrait être habillée en bleu, mais pas d'une manière réaliste (c'est-à-dire en pyjama). Le bleu devrait être réparti judicieusement dans certaines nuances pour les autres personnages, dans la proportion directe de «mort» que contient le personnage. En clair: la mère, par exemple, qui n'a pas grande ressource vitale, pourrait être vêtue d'un gris bleuté.

Le lieu du pianiste aurait avantage à surplomber le reste du décor, l'accès y gagnerait en difficulté pour Jocelyne et l'effet de supériorité temporelle serait plus clair.

La mise en scène

On peut avoir plusieurs options concernant la mise en scène du personnage de Jocelyne. J'ai évité de la préciser tout le long de la pièce mais voici tout de même mon option personnelle. Jocelyne Trudelle assiste à «toutes les scènes», elle se promène d'un endroit à l'autre, selon son gré, *elle reçoit les impacts des scènes à sa façon et cette façon détermine son attitude fondamentale devant la vie (c'est-à-dire sa lutte présente ou non pour survivre). Sans vouloir en faire un personnage éthéré, Jocelyne incarne son esprit, enfin la part d'elle-même qui voit, sent, réagit et décide. Sans le savoir, les personnages offrent à Jocelyne les raisons qu'elle aurait de rester ou de partir. Mais, fondamentalement, Jocelyne est attirée (au sens physique du terme) par le pianiste, par la mort.*

Il est important que ce rôle soit tenu par une actrice, non seulement une chanteuse, parce que Jocelyne lutte, elle est présente, même si elle ne parle jamais. Elle peut toucher les autres personnages, et ils peuvent aussi s'adresser à elle, cela dépendra du ou de la metteur(e) en scène.

Chose essentielle: jamais on ne doit remplacer ce personnage par un enregistrement. *Jocelyne Trudelle et le pianiste sont les personnages principaux de cette pièce.*

La musique doit servir à faire comprendre le niveau complexe de ce que vit Jocelyne: fait d'émotions et de déchirements, il n'y a que la musique pour transmettre l'univers intérieur (et différent par sa nature de celui des autres personnages) de Jocelyne.

La pièce commence par un «fade out» de l'éclairage. Et si plus rien ne survenait *est la seule chanson enregistrée avec celle de la fin. Pendant celle-ci, le secteur piano est légèrement éclairé et le pianiste entre, sans se presser, s'assoit et écoute en regardant le public. Il a l'assurance intérieure de ceux qui n'ont jamais connu l'échec.*

Et si plus rien ne survenait
Hormis la peine et la douleur
Et si plus rien ne m'arrivait
Que la dérive et la folie.

Je marche en haut sur le rebord
Que vous êtes loin, que vous êtes pâles
Vos mains s'agitent, me font des signes
Vos bouches s'ouvrent, en se tordant.

On n'entend rien là d'où je suis
Que les échos de vos terreurs
On voit vos traces qui se suivent
Dans un grand cercle tout piétiné.

Où alliez-vous pour revenir
Si vite, si vides, si bien mâtés
Où alliez-vous pour revenir
Le rêve enfui, la patte prise.

Je veux partir vous me faites peur
Je n'vois jamais que vos horreurs
Et dans vos gestes, des appétits
Et dans vos mots, la petitesse.

Toujours vaincue dans votre monde
Ma force décline au creux du mien
Et si maint'nant je n'm'enfuis pas
Vous saurez bien, vous, me dompter.

Pour le dernier couplet, l'éclairage diminue jusqu'au noir.

Alors, pâle, la bouche scellée
Je marcherai à votre pas
Je tournerai très posément
Les bras serrés sur ma folie.

Toujours enregistré, dans le noir total, on entend un coup de feu. Immédiatement après: bruits de succion, d'appareils respiratoires et bruits de salle d'opération. Ce qui suit est également enregistré.

VOIX D'UN MÉDECIN

Très sec, très tendu. Des bruits conséquents à l'ordre exprimé suivent.

— Éponge!
— Crêle!
— Crêle!
— Éponge!
— Éponge, on voit rien!
— Succion!

— Qué cé qu'tu fais avec ta maudite succion, on voit rien!
— Crêle!
— Crêle!
— Éponge!
— Crêle!
— O.k. Cutter!

On entend le grésillement.

— Bon, on l'a eu, ça l'a arrêté d'pisser!
— Qué cé qu'ça d'l'air de ton bord?

VOIX DE L'ANESTHÉSISTE

80 sur 40. (*À l'infirmière.*) Comment c'qu'a l'a perdu?

VOIX DE L'INFIRMIÈRE

500 cc.

VOIX DU MÉDECIN

Bon, asteure, on va r'garder c'que ça d'l'air.

VOIX D'UN MÉDECIN

A devrait être bonne pour s'en sortir.

VOIX DU MÉDECIN

Si a nous fait pas d'surprise, a va être correque...

Fin de la bande enregistrée. L'éclairage se fait dans la chambre de malade. L'infirmière et la mère sont déjà là. L'infirmière s'occupe activement de la malade: prise de pression, vérification du soluté, du sang, de l'oxygène, etc. La mère est assise sur une chaise qui est de dos au lit. Pas une minute, elle ne regarde sa fille. Elle fait face au public. On doit sentir chez cette femme, le dépassement de tout état de choc: elle est en elle-même un état de choc. Peu de gestes, une fébrilité intérieure, une fatigue, une vieillesse prématurée. On doit la sentir vaincue d'avance par quelque malheur que ce soit. Elle tient sa sacoche sur ses genoux. Elle parle laconiquement, sans excès.

LA MÈRE

Son père a pas pu v'nir... y s'rait v'nu, ben sûr, si y avait pas eu un empêchement, mais y avait un empêchement... j'sais pas c'que son père va dire de t'ça... quand j'ai eu l'téléphone, y avait déjà son coat sus l'dos, pis j'ai jusse eu l'temps d'y dire qu'y avait eu... heu... ça, là, l'accident...(*Temps.*) Déjà qu'y était pas d'bonne humeur à cause du char... ça faisait longtemps qu'ça l'tannait c'te p'tit maudit bruit-là, qu'y disait... (*Elle sourit.*) Moi, j'ai pas r'marqué pantoute qu'y avait un bruit pas comme d'habitude, mais j'connais rien là-d'dans, moi, la mécanique de char... Ben, comme de faite, le char y a faite din mains hier au soir, sus l'boulevard, dans l'gros du trafic. Y est arrivé à maison, c'pas mêlant, j'ai eu peur: y était choqué, ça l'avait pas d'bon sens! J'vous dis qu'mon souper d'coudes aux tomates, y a r'volé! Ah... son père est pas un mauvais gars d'habitude, y mène pas d'train, mais on aurait dit qu'y s'tait faite slacké tellement qu'y était choqué! Moi, c'est la première idée qu'j'ai eue: j'me sus dit: ça y est, y s'est faite slacké, pis y a pris un coup... C'est fou les idées qu'on a, han?

LUCIE FECTEAU

Vot' mari est-tu sus l'chômage, madame Trudelle?

LA MÈRE

Jamais d'la vie! Son père travaille! Y travaille beaucoup! Pis j'pense même que ses boss sont contents d'lui. Y aurait pas d'raison. Y travaille toutes ses heures, pis y prend pas ses breaks trop longs, comme d'aut' qu'y connaît. Y sait c'qu'y a à faire, pis y l'fait. Comme y m'dit: «Y est dans son droit, pis parsonne peut v'nir l'écœurer». (*Gênée.*) Y parle de même, mais c'pas un mauvais gars.

LUCIE FECTEAU

Ben non, ben sûr...

LA MÈRE

J'aurais aimé mieux qu'son père soye là pour les questions là,... heu, le remplissage des papiers. J'ai toujours peur de m'tromper quand quequ'un m'pose des questions. C'est fou, han? Mais chus toujours sûre de répondre croche, à cause que c't'une question. Son père, lui, y répond toujours, pis ça fait du premier coup. Y sait quoi dire, son père. Pis la femme du bureau, chus sûre qu'a l'aurait pas eu d'l'air si tannée si c'avait été son père qui arait répond.

LUCIE FECTEAU

Y a-tu eu du trouble en bas? Y ont-tu été bêtes avec vous?

LA MÈRE

Oh, non, mon dieu, non, non, non, çartain qu'non! Vous y direz pas, han? J'tais énervée, j'savais pas quoi dire, son père était pas là pour répondre, a l'a été obligée de toute me d'mander par deux fois parce que j'comprenais pas. A l'a été ben polie, ben, ben polie, mais chus pas vite quand son père... pis y avait un empêchement, sans ça y s'rait v'nu çartain. En tu cas, y s'rait v'nu pour les papiers pis les questions.

LUCIE FECTEAU

J'sais qu'c'est ben dur d'être obligée d'répondre à toutes ces questions-là, mais on a besoin d'renseignements.

LA MÈRE

Y ont d'mandé pas mal d'affaires. J'en savais pas la moitié... C'est gênant, han, d'pas savoir c'qu'on est supposé d'savoir?

LUCIE FECTEAU

Faut pas vous en faire, madame Trudelle...

LA MÈRE

Sus l'coup, me sus mis mal avec ça, surtout que j'savais pas si c'tait correque de dire c'que j'disais. Son père l'aurait su, lui, y aurait toute dit comme faut. Pensez-vous qu'y vont y montrer c'que j'ai répond?

LUCIE FECTEAU

À vot'mari? J'pense pas, inquiétez-vous pas de t'ça: c'est d'la routine.

LA MÈRE

C'avait d'l'air ben important... j'savais même pas quelle maladie d'bebé qu'a l'avait eue. Pensez-vous qu'c'est ben grave si j'ai dit la rougeole au lieu des oreillons?

LUCIE FECTEAU

Ça, j'pense pas. Faites-vous en pas trop.

LA MÈRE

R'marquez ben qu'là-d'sus, son père aurait été ben mal pris. Mais y aurait dit un des deux lui 'si, pis la fille l'aurait cru tu suite. J'dis ça, pis p'tête qu'y l'aurait su pour de vrai: y a jamais aimé ça qu'a soye malade. (*Temps.*) J'sais pas c'que son père va dire de t'ça, c't'histoire-là... pourvu qu'y s'choque pas trop... ça l'rend malade. Y veut pas l'dire mais y doit être pris du cœur, pis chus sûre que c'est pas bon pour lui, ça. (*Temps.*) J'me d'mande c'que son père va dire... Peut-être que j'devrais appeler sa sœur pour y dire? A n'a l'tour, pis y réagit moins fort quand est là...

La mère sort son paquet de cigarettes, en allume une, et reste prise avec son allumette dans les mains parce qu'il n'y a pas de cendrier.

LUCIE FECTEAU

Madame Trudelle, si vous voulez fumer, y faudrait sortir d'la chambre.

LA MÈRE

Ah, s'cusez... vous fumez pas, han, ça vous dérange?

LUCIE FECTEAU

Non, c't'à cause...

LA MÈRE

Ben sûr, avec toutes ces machines-là, ça pourrait sauter, c'est comme rien. J'comprends.

Elle éteint sa cigarette avec son pied, la ramasse et reste prise avec.

LUCIE FECTEAU

(Lui tendant une poubelle.) C'pas à cause des machines, madame Trudelle, c'est parce que vot' fille a déjà ben d'la

misère à respirer avec sa trachéo, faudrait pas faire exprès, han?

LA MÈRE

Ah oui, ben çartain, çartain... mais a fume, elle aussi, vous savez, presque autant qu'son père. Moi, j'peux m'en passer, j'fais pas une crise, mais son père pis elle... sont effrayants: c'est top sus top!

LUCIE FECTEAU

Mais si vous n'avez envie, rien vous empêche d'aller à côté pour fumer. J'peux vous montrer où c'est, si vous voulez. Vous pourriez prendre un café.

LA MÈRE

Vous êtes ben fine, mais j'aime autant rester icitte, au cas...

LUCIE FECTEAU

Peut-être que vous aimeriez enlever vot' manteau, d'abord?

LA MÈRE

Non, non merci. J'vas attendre encore un peu... J'me d'mande si son père est r'venu à maison. Y aura pas à souper pis y va se d'mander oùsque chus. Savoir oùsqu'y s'rait, j'l'appelerais, pis j'y dirais de s'faire chauffer un ragoût d'boulettes... y pensera pas de r'garder dans l'armoire. Chus sûre qu'y y pensera pas. J'ai toujours été là sus l'heure des r'pas... y va p'tête se mette à m'attendre pis y va s'choquer de pas m'voir arriver... à moins que j'dirais à sa sœur d'y aller... c'est-y bête, han, en plein samedi d'même... ça aurait été un jour de s'maine, ça aurait été moins pire, vu qu'la s'maine, y a son travail ordinaire pis j'pourrais y téléphoner même si y aime pas ça s'faire déranger sus son travail par sa femme... (*Temps.*) Pensez-vous qu'ça va être ben long, vous?

LUCIE FECTEAU

Vous voulez dire avant qu'on sache si vot'fille va s'en tirer?

LA MÈRE

Ben, j'sais pas, mais savoir si à rempire ou ben si a va parler...

LUCIE FECTEAU

(*Doucement et fermement.*) Madame Trudelle, vot'fille est dans l'coma: tant qu'y va y avoir d'l'œdème cérébral, on sait pas c'qui peut arriver... elle a perdu un œil... j'pense que ça va être très long avant qu'elle parle, la balle a dévié, mais y a des dégâts considérables...

LA MÈRE

Oui, oui, garde, je l'sais, laissez faire. De toute façon, j'comprends pas ça, moi, les histoires de docteurs: y ont des mots trop compliqués. Toute c'que j'sais, c'est qu'c'est un accident épouvantable, pis qu'son père va y faire payer çartain. Ah, y a jamais battu parsonne, vous savez! Ça y arrive de taper, pis des fois y tape fort, mais y m'a jamais battue. Pis elle non plus. C'est pas comme d'aut' qu'y connaît... non, des fois la main y part plus vite qu'y voudrait, mais c'est parce qu'y est nerveux: c'pas un mauvais gars. (*Temps.*) Mais ça va l'choquer, ça, un accident d'même, c'est la sorte d'affaires qui l'choquent... Y va falloir s'en occuper beaucoup, pis son père est pas sans cœur, mais y a toujours dit que quand qu'a l'aurait 21 ans, y s'sentirait pus responsable. Pis là, ben, jusse comme a vient d'les avoir... y faut qu'ça arrive... c'est sûr que son père va l'prendre mal, c'est çartain...

LUCIE FECTEAU

Mais j'pensais qu'vot' fille restait pus chez vous. Me semble qu'a restait tu-seule. On l'a amenée ici parce que l'voisin a entendu l'bruit pis y a averti la police...

LA MÈRE

Ben voyons, garde: pensez-vous qu'on a un fusil à maison? C'est ben trop dangereux! Jamais qu'son père aurait faite ça. Y chasse pas d'abord, y haït l'bois, c't'effrayant! J'sais pas qui c'est qui y avait passé ça, mais c'est lui l'responsable: on a pas idée d'faire nettoyer des affaires dangereuses de même par une fille: c'est ben sûr qu'a savait pas comment ça marche! Les jeunes aujourd'hui, d'mandez-moi pas c'qui font ni c'qui pensent faire avec des fusils pis toute: c'est dangereux sans bon sens, surtout avec les affaires de drogue pis toute... Mais j'pense pas qu'a s'droguait, par exemple, son père dit qu'a l'était pas une fille à ça, sauf que quequ'un aurait pu y faire coller n'importe quoi. Les gars, asteure, y font pus boire les filles, ça aurait d'l'air qu'y é droguent... mais c'tait une bonne fille qui a jamais dit un mot plus haut qu'l'aut', ça m'surprendrait ben gros qu'a l'aye touché à drogue... Ah... c'est sûr qu'ça y arrivait d'prendre un verre à l'occasion... C'est sûr que, des fois, a rentrait tard pis qu'a l'avait pas l'air solide sus ses pattes, mais son père l'a jamais su. Ça, ça restait ent' nous aut'. (*Temps.*) J'm'assisais dans cuisine en m'faisant un p'tit thé, pis j'l'attendais jusqu'aux p'tites heures... quand qu'a rentrait, ben là, j'commençais d'être fatiquée, pis j'allais m'coucher. Son père, lui, y dormait d'puis longtemps, y l'a jamais su!

(*Temps.*) Son père s'est toujours endormi d'vant la tévé, vers les dix heures: ça, c'est son heure. Mais moi, j'm'endors jamais ben d'bonne heure... même que, asteure qu'a l'était partie en loyer, y a des soirs que j'l'attendais encore jusqu'à temps que j'me souvienne qu'a restait pus avec nous aut'. C'est fou, han?

LUCIE FECTEAU

C'tait comme une habitude... p'tête que vous vous ennuyez d'vot' fille...

LA MÈRE

Ah... je l'sais pas. C'est sûr que ça l'a faite plus vide après qu'a l'a été partie. A parlait pas gros, mais a l'était là, han, ça faisait quequ'un... Son père est pas souvent là... J'aurais pensé qu'ça y f'rait plaisir qu'a l'aille en loyer, parce qu'y n'en parlait pas mal, pis c'est drôle, han, mais du jour qu'a l'a été partie on aurait dit qu'ça y manquait... son père est ben fantasse; din fois, y parle fort, mais y a du cœur garde, ça, y a du cœur, parce que chus sûre qu'y a trouvé ça dur qu'a soye pus là. Y aime ben ça s'ostiner, pis avec elle, din fois, y parlait fort pis la main y partait vite, mais là qu'est partie... y peut pas s'ostiner avec moi... pis c'est comme si y s'ennuyait... p'tête qu'y s'ennuie d'elle, mais y est pus à maison ben souvent, ça s'rait dur de dire si y s'ennuie...

LUCIE FECTEAU

Oui, mais *vous,* madame Trudelle, vous ennuyez-vous d'elle?

LA MÈRE

Moi? Ah, ben, moi... vous savez, garde, si a voulait r'venir, a pourrait tant qu'à moi... son père comprendrait ça pour un p'tit bout d'temps. Surtout si est mal pris avec c't'accident-là. (*Temps.*) Pensez-vous que j'pourrais asseyer d'appeler chez Léon Lemieux? J'pense qu'y aide son père à réparer l'char... y connaît ça, pis ça r'vient moins cher que l'garage, han? Comme ça, j'pourrais y dire de s'faire chauffer une canne de queque chose au lieu d'm'attendre. Si vous pensez qu'ça peut être long...

LUCIE FECTEAU

Oui, ça va être long, madame Trudelle... Si vous voulez appeler, y a un téléphone dans l'couloir. (*Temps.*) Madame Trudelle... p'tête que vous devriez dire à vot'mari que vot'fille est dans l'coma, que c'est pas sûr qu'a se r'mette, pis qu'on est pas sûr non plus qu'ça soye un accident. C'est sûrement mieux de l'mette au courant maintenant, avant qu'y soye trop tard.

LA MÈRE

Oh non, j'pense pas, garde... asteure que les papiers sont remplis, y pourrait pus rien faire... pis chus sûre qu'y va vouloir fumer, pis ça l'énerve, lui, les affaires de pas fumer.

LUCIE FECTEAU

Madame Trudelle, y faut l'dire à vot' mari. Si vous voulez, j'peux y expliquer, moi. Qué cé qu'y pense qu'a l'a vot' fille, là?

LA MÈRE

Ah ben, y pense qu'a s'est cassé d'quoi. C'est queque chose de même qu'y m'ont dit au téléphone à matin. Son père est mieux d'pas v'nir ici, y va faire du bruit pis ça s'ra pas bon pour elle.

LUCIE FECTEAU

Madame Trudelle, y pourra pas faire de bruit: vous êtes à l'hôpital, ici, aux soins intensifs. Pensez-vous qu'on va laisser quequ'un faire une crise de nerfs dans chambre d'un malade? Ayez pas peur, on va s'occuper d'vot'mari si y s'énerve, vous avez pas besoin d'vous en faire.

LA MÈRE

Ça s'rait du troube pour rien... a peut même pas parler, pis lui, y aura rien à y dire... sauf que c'est niaiseux d'y laisser un fusil din mains *(petit rire)* parce qu'est empotée, qu'y dirait.

LUCIE FECTEAU

Vous vous rendez pas compte, madame Trudelle de l'état de vot'fille. Y faut l'dire à son père, y a l'droit de l'savoir. Tant qu'a l'est ici, on peut pas s'prononcer, le choc est...

LA MÈRE

Vous aussi, han, vous pensez qu'a peut en mourir? Eh, mon Dieu... j'vas prier, mais l'bon Dieu décidera. Y f'ra au mieux...

LUCIE FECTEAU

Madame Trudelle, je l'sais qu'c'est difficile pour vous, mais y faut réagir, y faut avertir vot' mari. Pis si a l'avait un ami ou ben quequ'un qui y est attaché, une amie, là... j'sais pas, moi, p'tête qu'a nous entend. Ça peut être important: on sait pas c'qui pourrait l'aider, la faire réagir.

LA MÈRE

On est pas pour remplir sa chambre de monde, garde. Pis j'sais jusse le nom d'Carole, moi, les aut'z'amis, a n'a jamais parlé...

LUCIE FECTEAU

Madame Trudelle, savez-vous comment vot' fille allait? L'aviez-vous vue ces derniers temps?

LA MÈRE

Ben non, ça fait un bout d'temps qu'j'avais pas eu d'ses nouvelles. Je l'ai téléphonée mais a parlait pas gros. Est pas v'nue m'voir non plus... son père dit qu'a fait une vie d'putain pis qu'y a pus d'place pour du bon monde dans sa vie, mais j'pense qu'y fait des farces, j'pense pas qu'c'est vrai.

LUCIE FECTEAU

Avez-vous le numéro d'téléphone de Carole, son amie. Y faudrait p'tête l'appeler.

LA MÈRE

Oui, j'dois ben avoir ça queque part. (*Elle fouille dans sa sacoche.*) Ça va y faire de quoi à Carole, est ben fine... Comme ça vous pensez qu'y faut qu'je l'dise à son père? Eh mon Dieu, chus donc pas sûre que ça soye une bonne idée, moi, chus pas sûre pantoute...

LUCIE FECTEAU

(*Très froide.*) Ben si vous voulez pas être obligée d'répondre encore à des questions, aussi ben de l'avertir pis qu'ça soye lui qui vienne... parce que ça s'pourrait ben qu'la police veuille vous parler.

LA MÈRE

La police? Pourquoi qu'la police viendrait poser des questions? A l'a-tu faite quet'chose de mal? A l'était-tu pas en loi? Son père saura rien de t'ça, pis ça va l'mette en maudit.

LUCIE FECTEAU

Ben, qué cé qu'vous voulez, madame, y s'ra en maudit pis ça finit là.

LA MÈRE

Tins! J'ai trouvé l'numéro à Carole. Vous seriez mieux d'y poser des questions à elle, a n'en sait plus long qu'tout l'monde. Son père peut même pas voir une police passer dans rue sans s'choquer, y voudra jamais répondre pour elle.

LUCIE FECTEAU

Madame Trudelle, le docteur dit qu'vot' fille va peut-être s'en sortir, mais y a rien d'sûr pour le moment. Vot'fille est sous l'choc, pis ça, on sait pas vraiment c'que ça peut faire, y faut attendre qu'a sorte du coma. Mais on sait rien d'ses dispositions, de son état psychologique... Comprenez-vous? Peut-être que c'est pas si pire que vous pensez le dire à vot'mari? Peut-être que lui peut comprendre queque chose dans c'qui arrive... Moi, j'pense qu'on peut aider une malade à lutter pour vivre, même si est dans l'coma. J'pense qu'y faut qu'les gens qu'a l'aime lui parle, l'aide.

LA MÈRE

Ben oui, garde, j'comprends... mais si a veut pas, c'est pas son père qui va y donner envie. Pis est toute enveloppée, on peut pas y parler. Ça sert à rien d'énerver son père tusuite avec ça.

LUCIE FECTEAU

Madame Trudelle si vot'fille mourait ce soir, chus sûre que vous le r'gretteriez de pas avoir averti son père à temps.

LA MÈRE

Vous avez dit qu'on l'saurait pas avant deux jours.

LUCIE FECTEAU

Oui, madame Trudelle, mais ça, c'est si a meure pas avant deux jours.

LA MÈRE

(*Se retourne doucement vers le lit, puis se détourne.*) Ah... c'est pas d'même que j'avais compris ça.

LUCIE FECTEAU

Allez appeler vot'mari, madame Trudelle. J'pense que vous avez besoin d'lui, pis j'pense qu'y a l'droit d'savoir c'qui s'passe... Si vous avez besoin de plusse d'explication...

LA MÈRE

Pensez-vous qu'y faut qu'y vienne tu-suite? Son char s'ra p'tête pas encore arrangé, y peut-tu l'finir? La police, pensez-vous qu'y faut qu'j'y en parle?

LUCIE FECTEAU

Non, non, commencez par y parler d'vot'fille. Le reste, on s'en occupera en temps et lieu.

Madame Trudelle se lève lentement et péniblement.

LA MÈRE

Est jeune, elle. Chus sûre qu'a va se r'mettre. Din fois, j'me sens tellement vieille... pis son père va tellement s'choquer qu'a fasse encore des histoires.

LUCIE FECTEAU

Madame Trudelle, peut-être que vous avez envie de parler à vot'fille? J'peux vous laisser tu-seule avec si vous voulez, j'peux p'tête appeler son amie Carole.

LA MÈRE

Oui, oui... p'tête.

L'infirmière sort. La mère s'approche du lit, mais elle reste au pied. Elle lisse continuellement le drap qui est déjà parfaitement plié au pied du lit.

LA MÈRE

Ma pauv'enfant... qué cé que j'pourrais ben t'dire? Je l'sais même pas si tu m'entends.

La musique commence doucement, l'éclairage se fait dans le secteur du pianiste.

LA MÈRE

J'sais pas parler, moi... j'parle jamais... tu vas guérir, chus sûre de t'ça... qué cé que j'pourrais ben t'dire ma pauv'enfant?

La musique est plus forte, Jocelyne chante.

Je ne sais pas
D'où viennent ces mots
Qui hurlent ce que je souris
Ils ne sont pas à moi
Ni de moi, croyez-moi.

Si parfaite que jamais
De ma bouche, vous n'verrez
Couler ce pus
Jaillir la haine
Se tordre ces envies.

Ma gorge cache des cavernes
Où sont enfouis
Les monstres refusés
Qui veulent voir et crier
Et que j'écrase et tords
Sans même bouger.

Jamais, jamais
Je ne dirai
Jamais vous ne l'apprendrez
N'ayez pas peur
Je vous l'ai juré
On n'entend rien
Vous pouvez m'aimer
Vous pouvez m'aimer.

LA MÈRE

Qu'est-ce que j'pourrais ben t'dire, ma pauv'enfant?

L'infirmière revient dans la chambre.

LUCIE FECTEAU

Bon, ben son amie Carole a promis de v'nir pendant la soirée, comme ça, si vous êtes fatiguée vous allez pouvoir vous r'poser un peu. A l'a l'air très amie avec vot'fille, j'pense que ça l'a beaucoup touchée.

LA MÈRE

Carole? Ah, oui, c'est sûr, y sont ben amies.

LUCIE FECTEAU

Voulez-vous appeler vot'mari, maintenant, madame Trudelle?

LA MÈRE

Ah oui... ben sûr... j'y vas, j'vas y dire heu... j'espère que l'char va marcher au moins, ça f'rait ça d'pris. J'y vas, là... À moins qu'j'appellerais sa sœur? A pourrait mieux y dire, elle.

LUCIE FECTEAU

Faites comme vous voulez, du moment qu'y l'apprend.

LA MÈRE

C'est ça, j'vas appeler sa sœur, a sait comment l'prendre, elle. J'vas faire ça.

Elle vient pour sortir.

LUCIE FECTEAU

Madame Trudelle... j'voudrais vous d'mander: pensez-vous qu'c'est possible que vot'fille aye essayé d'se suicider?

LA MÈRE

Se suicider? Vous voulez dire, faire exprès? Que ça s'rait pas une accident? Oh, non, garde... ça s'peut pas, voyons, y a pas d'raison... Vraiment... a l'aurait pas d'raison...

Elle sort. L'infirmière s'approche du lit

LUCIE FECTEAU

Ouain, pas d'raison... pas d'raison.

Le pianiste reprend: musique et éclairage. Jocelyne chante.

Et seule jusqu'à l'horreur
Et privée de lumière
Je ne peux plus marcher
Je tâtonne en hurlant.

Un couloir de béton
S'étire et me recouvre
J'entends marcher la peur
Toujours pas de réponse.

Ma voix ne porte plus
Personne ne peut m'entendre
Vos oreilles sont en cire
Et vos cœurs en plastique.

Peu importe, je pars
Je n'voulais pas rester
Une erreur s'est glissée
Je n'devais pas passer.

La musique s'arrête. Changement d'éclairage: la salle d'attente. Carole est là, très nerveuse. Elle fume sans arrêt. Lucie arrive. Aussitôt qu'elle entre, Carole éteint précipitamment sa cigarette et se lève.

CAROLE

Est-ce que c'est vous, garde Fecteau? Y m'ont dit de v'nir ici. Chus v'nue aussi vite que j'ai pu mais j'ai été obligée d'attendre pour rien une demi-heure en bas: la fille avait mal compris.

LUCIE

Bonjour, c'pas grave... j'suppose que t'es Carole?

CAROLE

Carole Prévost, oui. Chus une amie d'Jocelyne Trudelle, ben, sa meilleure amie... J'peux-tu la voir? Ou ben on peut pas... comment c'qu'a va?

LUCIE

Ça t'tannerais-tu ben gros qu'on parle un peu avant d'aller a voir? Y a des affaires qu'on a pas réussi à savoir avec la famille. Veux-tu un café?

Elle se sert un café.

CAROLE

Non,... oui, je l'sais pas: chus t'assez énarvée, ça pas d'bon sens. Depuis qu'tu m'as appelée, j'arrête pas d'penser à elle pis... veux-tu m'dire c'qui est arrivé? Chus pas d'la famille, mais...

LUCIE

J'tai appelée justement parce que j'voulais voir quequ'un qu'ça intéressait. Sa mère est v'nue, mais je l'ai sentie ben démunie d'vant sa fille, comme si a pouvait pas réagir.

CAROLE

(*Presque méprisante.*) Sa mère! Attends d'voir son père! Tu vas voir c'est quoi une réaction! Jamais vu un imbécile de même de toute ma vie.

LUCIE

(*Lui donne un café.*) Bon. On va asseyer de s'parler tranquillement. Jocelyne va pas bien, en tu cas, c'pas fort. C'est moi qui s'occupe d'elle depuis qu'on l'a r'montée d'la salle de réveil. Le médecin est pas sûr, l'opération a plutôt bien marché, on pense qu'a peut s'en sortir... mais moi, j'pense qu'a fait pas d'effort. Tu m'diras que, tant qu'on est dans l'coma, y a rien à faire, mais moi, j'pense pas ça. Chus sûre que, même dans l'coma, a peut lutter. Pis j'pense aussi qu'a peut nous entendre, pis qu'c'est important, maintenant, d'y parler, pis d'la traiter comme quequ'un qui entend, pis qu'on peut encourager. On dirait qu'a l'a abandonné, qu'a s'laisse aller, pis c'est maintenant qu'c'est critique. Chus sûre qu'a peut sortir de là, si a veut... si seulement on pouvait y donner envie d'en sortir.

CAROLE

Ben, j'vas faire toute c'que j'peux, j'vas asseyer d'y parler, j'vas y apporter des fleurs, j'vas y organiser un party avec les tchums, n'importe quoi que j'peux faire, j'vas l'faire.

LUCIE

J'pense pas qu'a soye prête pour un party avant longtemps... bon, y a une aut' affaire qu'y faut que j'te dise. J'pense pas qu'c'est un accident qui est arrivé.

CAROLE

Tu penses qu'a s'est tirée d'vant l'char? Tu penses qu'a l'a...

LUCIE

... Non, non, attends. C'est parce que j't'ai pas toute dit

au téléphone. J'attendais d'te voir avant, c'est pour ça qu'j'ai parlé d'un accident d'auto. J'pense, en tout cas, le médecin pis moi aussi, on pense que Jocelyne a essayé d'se suicider.

CAROLE

(*Après un long temps.*) Comment?

LUCIE

A s'est tirée une balle de 22 dans bouche.

Un temps. Carole est figée, au bord des larmes. On sent qu'elle pense très vite, mais rien ne transparaît.

CAROLE

À... à quelle heure c'est arrivé?

LUCIE

À huit heures, c'matin. Est restée en salle d'opération de neuf heures à une heure et demie. Sa mère a attendu dans chambre tout c'temps-là, l'manteau sus l'dos. Mais a pense pas que l'suicide est possible, est sûre que c't'un accident.

CAROLE

À huit heures. À huit heures à matin... j'tais chez nous, j'tais là! Pourquoi qu'a m'a pas appelée? Pourquoi qu'a me l'a pas dit? J'y aurais été, moi, je l'sais-t-y,... j'y aurais parlé... A m'a même pas appelée hier soir, pis quand j'l'ai vue au bar, a l'avait l'air au boutte, ben d'bonne humeur... A me l'a même pas dit, a l'a faite ça, pis a me n'a même pas parlé... comme si j'tais rien, comme si j'pouvais pas l'aider... a l'a faite ça tu-seule, a s'est tirée dans gueule pis a l'a pas essayé d'me r'joindre avant, a l'a parlé à parsonne... Pourquoi qu'a m'a pas appelée? Pourquoi qu'a l'a faite ça? J'y aurais été, à n'importe quelle heure, j'y aurais été, a l'avait jusse à m'appeler... a y a pas pensé... A s'est tuée tu-seule le matin d'bonne heure... chus sûre qu'a y a pensé toute la nuit, chus sûre qu'hier soir, a l'savait, pis a l'a faite voir de rien, a me n'a pas parlé... Tu-seule, tu-seule... on est tout l'temps tu-seule. Je l'sais ben comment qu'a s'sentait, je l'sais ben toute c'qu'a l'a pensé... A l'avait rien qu'à prendre le téléphone, a l'avait rien qu'à m'appeler, j'tais là, j'tais là... Pis j'ai rien vu, rien senti, pis a l'a pas asseyé de m'parler... Calice, eh calice... a l'aurait dû essayer au moins... a l'a même pas pensé que j'tais là... a y a même pas pensé... tu-seule... à huit heures du matin... (*Elle pleure.*) J'aurais dû l'savoir, j'aurais dû l'sentir... eh calice, pourquoi c'qu'a m'a pas appelée?... un coup d'fusil... un coup d'22... ça l'a pas d'bon sens... tu-seule... j'ai pas deviné... A m'a pas appelée... a m'a rien dit... rien... eh, maudite marde, que chus tannée.

Un temps, Carole se mouche avec les kleenex que Lucie lui donne.

LUCIE

Ton café va être froid, en veux-tu un autre?

CAROLE

Fais rien... m'en sacre!

LUCIE

Ça va-tu?

CAROLE

(*Elle hausse les épaules.*) Mouain.

LUCIE

Comme ça, tu penses pas qu'c'est un accident. Comme sa mère?

CAROLE

Faudrait être aussi folle qu'elle pour penser ça. J'te dis qu'y faut vouloir rien savoir pour dire ça. Un coup d'fusil dans... crisse... allô l'accident!

LUCIE

Tu sais-tu si a l'avait faite d'aut'tentatives avant ça?

CAROLE

Ben... on n'avait d'jà parlé... a m'avait juré, on s'tait dit que... en tu cas, avant, c'tait pas pour vrai... des pilules... on n'avait pas pris assez, on a jusse été malade... on a été malade en hostie...

LUCIE

Toi aussi, tu n'avais pris?

CAROLE

Ça compte pas que j'te dis: on était jeune, ça fait longtemps, c'tait pas pour vrai... On a ri en masse, c'tait niaiseux. On avait faite ça au lieu d'prendre un coup, pis c'est toute! Ça compte pas.

LUCIE

Ouais... tu penses-tu qu'tu pourrais y parler?

CAROLE

Qué cé qu'ça va donner? A veut pas, tu l'sais ben. A veut rien savoir de parsonne, a l'a faite exprès, a veut crever...

qué cé qu'tu veux qu'j'y dise? A m'a même pas appelée, a veut rien savoir de moi, c'est ben clair... Pourquoi qu't'a laisses pas en paix? Pourquoi qu'vous asseyez d'la sortir de d'là? J'suppose qu'a s'ra même pas r'gardable. A VEUT MOURIR, c'tu assez clair? Si a m'avait appelée, ça s'rait pas pareil... en té cas, si ça dépend rien qu'd'elle, vous avez beau la ploguer sus toutes les machines, a f'ra rien, a voudra pas r'venir.

LUCIE

Y a pas d'respirateur articifiel, jusse une trachéo. Écoute, je l'sais qu'ça t'a donné un coup, qu't'es découragée, mais des fois, rien qu'd'avoir essayé, c't'assez pour que quequ'un s'rende compte qu'y tient à vie... p'tête que ça y prend jusse un p'tit coup d'pouce pour réagir... Les trois quarts des suicides, c'est des appels à l'aide.

CAROLE

Pis? Qui c'est qui va l'aider après? Penses-tu qu'une fille prend une 22 quand a veut jusse demander d'l'aide? A s'organise un peu moins dans c'temps-là.

LUCIE

Pis si jamais c'est asteure qu'a s'rend compte qu'a s'est trompée?

CAROLE

Qué cé qui t'dit qu'a l'entend? Qué cé qui t'dit qu'a l'a pas l'cerveau complètement scrap?

LUCIE

On pense qu'a l'a l'cerveau intact, y a le lobe frontal qui a été touché, mais à part l'œdème cervical... ben sûr, ça dépend du temps qu'a va rester d'même... pis si jamais a l'entend, j'pense que t'es quequ'un qu'a l'aurait vraiment envie d'entendre.

CAROLE

A l'avait rien qu'à m'appeler avant... avant de l'faire... asteure, qué cé que j'peux y dire? Qu'la vie est belle?

LUCIE

Écoute, j'peux pas t'forcer, pis je n'ai pas envie non plus. Tu peux l'aider si t'en as envie, pas autrement.

CAROLE

Qui, qui peut l'aider? J'veux dire y donner *une,* rien qu'une bonne raison de r'venir? Moi, j'en vois pas une maudite. J'aurais rien qu'envie d'faire comme elle les trois quarts du temps... sauf que j'ai pas l'gutts. Peux-tu y en donner une, toi, une raison? Queque chose de positif, comme y disent?

LUCIE

Moi, qué cé qu'tu veux, mon métier, c'est d'guérir le monde, d'les ramener à vie: c'est parce que j'trouve qu'ça vaut la peine de vivre. Si j'resse tu-seule à y parler pis à essayer d'la ramener, j'vas l'faire, mais a m'connaît même pas. Écoute, Carole, je l'sais qu'y a des bouttes toffes dans vie, pis j'vois ben qu'ça l'a pas l'air facile pour vous aut'. Mais moi j'me dis que quand c'est rendu au pire, ça peut jusse s'améliorer.

CAROLE

C'est ça: quand t'es rendu au fond du trou tu peux pas caler plusse, y faut ben qu'ça finisse par er'monter. C't'une crisse de bonne raison, ça!

LUCIE

Ouais, c'est pas vraiment c'que j'voulais dire...

CAROLE

Qué cé qu'tu veux que j'te dise? J'en vois pas d'raison... en tu cas, pas là.

LUCIE

Y a-tu quequ'un d'aut' dans ses amis qu'tu verrais, qui pourrait peut-être... a l'avait-tu un ami, un amoureux?

CAROLE

Non, a l'avait pas de tchum officiel. (*Hargneuse.*) Mais j'en connais un, par zemple, qui va l'savoir, pis y va s'sentir mal à part de t'ça.

LUCIE

Pourquoi? A l'a-tu eu une déception d'amour dernièrement?

CAROLE

Pas besoin d'dire d'amour: des déceptions, Jocelyne, a n'a eues à pochetée... Non, c't'un gars qui a été avec elle une fois ça l'air, mais ça l'a pas marché.

LUCIE

Penses-tu qu'ça pourrait être bon pour elle qu'y vienne y parler?

CAROLE

Je l'sais pas. Mais j'vas y dire, en tu cas, y va l'savoir. Si y a un affaire que j'comprends pas, c'est ben c't'histoire-là. Mais j'vas l'savoir si c'est une bonne affaire qu'y y parle, ça s'ra pas long, tu peux m'truster.

LUCIE

A était-tu amoureuse de lui?

CAROLE

L'aimer? Je l'sais pas, j'pense pas... c'tait un kik, j'pense... ben... ah, je l'sais pas!

LUCIE

(*Se lève.*) Bon, ben, faut que j'y aille. Tu vas-tu appeler l'gars? Tu vas-tu y donner mon nom?

CAROLE

Oui, oui.

LUCIE

Pis tu veux pas la voir certain?

Carole hoche la tête pour dire non.

LUCIE

Même sans vouloir l'aider à s'en sortir, jusse pour y parler, y dire que t'es là...

CAROLE

Tantôt... pas tu-suite, ça s'ra pas long, j'vas y aller... j'peux-tu attendre un peu ici?

LUCIE

Ben sûr... prends ton temps... chus jusse à côté, j'viendrai te l'dire si y a du neuf.

CAROLE

Est-tu tu-seule, là?

LUCIE

Non, non, sa mère est là.

CAROLE

Ça, pis rien... y s'en vient-tu, lui?

LUCIE

Qui ça?

CAROLE

Son père.

LUCIE

Je l'sais pas. Peut-être... y a pas l'air commode, han?

CAROLE

C't'un hostie d'fou, si tu veux mon idée.

LUCIE

Me semblait ben qu'tu penserais ça. O.K. si tu t'en vas, viens me l'dire?

CAROLE

Où c'est qu'tu veux qu'j'aille?... J'm'en irai pas. J'vas rester ici.

LUCIE

O.K. d'abord, à tantôt.

CAROLE

Aye, j'peux-tu te d'mander d'quoi?

LUCIE

Oui?

CAROLE

T'occupes-tu d'tout l'monde de même? Prends-tu ça tout l'temps à cœur de même?

LUCIE

(*Après un temps.*) Non... non, c'est la première fois qu'ça m'arrive, j'pense.

CAROLE

Pourquoi? Pourquoi qu'tu fais ça?

LUCIE

Je l'sais pas... je l'sais pas pantoute, p'tête parce que c'est mon premier vrai cas grave, pis j'voudrais pas le... bon, faut que j'y aille.

Elle sort, Carole allume une cigarette.

CAROLE

La seule affaire que j'ai envie d'faire c'est de t'prendre dans mes bras, pis de t'bercer jusqu'à temps qu'tu meures. Pour qu'au moins, tu sentes ça, pour qu'au moins tu soyes pas si tu-seule. J'irais ben t'chercher Jocelyne, mais je l'sais qu'tu veux pas qu'on t'amène nulle part. (*Temps.*) Pis à part de t'ça, t'avais rien qu'à m'appeler, tu l'savais pourtant... j'veux pas y penser, j'veux pas t'voir... (*Temps.*) hier soir, rien qu'hier soir, t'étais au bar, pis tu m'as rien dit, pis tu l'savais déjà, tu m'as jusse demandé de t'payer une bière, pis tout c'temps-là, tu t'offrais mon dernier verre... crisse que j't'en veux, si tu savais comme

j't'en veux... si tu savais c'que ça m'fait: t'as toute décidé tu-seule pis tu m'as sacrée là... j'te comprends pas, Jocelyne, pis ça va m'en prendre en maudit pour te comprendre.

Le pianiste prélude. Éclairage sur le secteur piano. Jocelyne chante.

Comme une terrible passion
Qui n'cédera pas un instant
Qui s'incruste, obsédante
Dans le corps de l'amante
La mort et ses beautés
A fait son nid dans ma vie.

Je vous vois et je compte
Les secondes à rebours
Et je guette dans vos yeux
Un éclair de bonté.

Chaque instant est le dernier
Chaque minute est un fardeau
Chaque geste se transforme très vite
En répétition d'adieu.

Mon corps dérive et s'enfonce
J'entends la mort m'étreindre
Doucement, follement
Certaine de son pouvoir
Certaine de ma jouissance
Et parfaite d'éternité.

Céder, céder au désir
Rouler dans les bras de l'oubli
Et m'abstraire pour toujours

Offrir mon corps sans joie
Aux mains douces et lascives
De la mort, cette essentielle.

Qu'elle me prenne, qu'elle m'exalte
Me corrompe, me déprave
Dans ses sombres odeurs
Et que ce corps glacé
Éclate comme mon esprit
Et sombre au même rythme
Dans un néant bleuté
Ma seule vraie unité.

Aussitôt la chanson achevée, Georges Trudelle entre dans la salle d'attente très brusquement. Cigarette au bec, l'air arrogant. C'est un bedonnant dans la quarantaine, court, trapu, fort. Il est visiblement dépassé par les événements et cherche à s'en sortir.

GEORGES

Fait-tu longtemps qu't'es là? S'tu toi qui l'as amenée icitte?

CAROLE

Non, c'pas moi.

Elle se lève pour partir.

GEORGES

Sauve-toi pas, j'te mangerai pas.

CAROLE

J'ai pas envie d'parler à parsonne.

GEORGES

Ouain? Ça adonne ben, j'ai d'quoi à t'dire: fa que assis-toi pis écoute. C'pas forçant, ça.

CAROLE

J'ai pas envie d'écouter parsonne non plus.

GEORGES

Crisse, j't'ai dit assis-toé là, pis écoute: c'tu frança?

CAROLE

Ça va faire, j'ai pas d'ordre à r'cevoir de parsonne, s'tu clair?

GEORGES

'Coute-moi ben, toé: viens pas m'baver parce que tu vas savoir comment j'm'appelle. Pis attends-toi pas que j'te ménage parce que t'as des boules.

CAROLE

J'm'attends à rien d'un gars comme toi.

GEORGES

Crisse! Est baveuse... (*Surpris.*) Pis t'étais sa tchum?

CAROLE

Chus sa tchum.

GEORGES

Ouain, ben si t'es sa tchum, tu vas t'farmer la gueule, pis tu vas laisser faire pour le suicide, o.k.? La p'tite frisée d'l'aut' bord est allée dire ça à sa mère... pis c'est ben d'valeur, mais y a pas d'suicide dans famille Trudelle, y n'a jamais eu, pis y en aura pas un aujourd'hui. S'tu clair, ça, sti?

CAROLE

Vous avez l'droit d'penser c'que vous voulez. Pis moi avec.

GEORGES

Crisse que t'es bouchée! C'pas ça que j'te dis: j'te dis qu'parsonne a d'affaire à parler d'suicide.

CAROLE

J'ai l'droit d'dire c'que j'veux, pis c'est pas un *père* comme vous qui va m'en empêcher.

GEORGES

J'comprends donc qu'c'est quequ'un comme moi qui vas t'en empêcher. T'es-tu r'gardée? J'sais pas si tu l'sais, mais j'me laisse pas écœurer moi d'habitude, pis les tites toufes comme toi, ça m'fait pas peur.

CAROLE

Mon hastie d'borné, toi, ça va faire! Je vas l'dire à tout l'monde que c't'un suicide. Pis tout l'monde va l'savoir qu'son père s'est jamais occupé d'elle, pis qu'y l'a mis à porte d'la maison quand a l'avait pas une cenne.

GEORGES

Crisse, a l'avait vingt ans! Asteure, les filles sont majeures à dix-huit. J'y ai donné deux ans pis si j'y avais pas parlé, a s'rait encore à maison à manger sus mon chèque. Chus pas fou moi, pis empotée comme a était j'l'aurais faite vivre jusqu'à retraite?

CAROLE

A travaillait! A payait chez vous, personne la faisait vivre!

GEORGES

A payait sa chambre, pas son manger, ni son lavage. Pis c'est moi qui paye l'eau chaude. Tu m'fras pas passer pour un tcheap, toi. J'l'ai endurée en masse, c'tait l'temps qu'a fasse de l'air. Si j'ai envie d'payer pour quequ'un, j'vas payer pour une vraie femme, pas pour une hostie d'faticante qui parle jamais pis qui te r'garde tout l'temps comme si tu disais des niaiseries. Y a ben assez d'sa mère qui parle pas: deux martyres dans maison, moi, c'est trop!

CAROLE

A s'est tuée quand même! Parsonne va croire que c't'un accident: on s'tire pas une balle de 22 dans face par hasard. Jocelyne a eu une vie d'chien, ben vous y ôterez pas sa mort çartain! A s'est tirée, pis ça prend du gutts pour faire ça, pis j'vous laisserai pas dire que c't'une empotée parce que ça fait vot'affaire pis qu'vous avez peur de c'que l'monde vont penser. J'm'en crisse, moi, de c'que l'monde pense! Pis si vous vous sentez coupable du suicide de Jocelyne, ben c'est vot'problème, pas l'mien, pis j'vous ménagerai pas çartain après c'que vous avez faite à Jocelyne.

GEORGES

As-tu fini, là? As-tu fini ta p'tite crise de nerfs? Vas-tu falloir que j'te fesse pour que tu prennes sus toi?

CAROLE

J'm'appelle pas Jocelyne, moi, j'me laisserai pas taper d'sus par un maudit borné!

GEORGES

Crisse! Tu peux t'compter chanceuse d'être icitte, toi. Dénarve, o.k.? J'me sens pas coupable pantoute! J'l'aurais mis dehors à 18 ans, pis a l'aurait faite à 18 ans. Ça prouve rien qu'un affaire: c'est qu'j'avais ben raison: a s'srait laissée vivre sus mon chèque toute sa vie. J'aurais été borné en crisse de l'avoir laissée faire.

CAROLE

Vous l'aimez même pas! Vous l'avez jamais aimée!

GEORGES

Crisse, j'tais pas son mari, j'tais son père!

CAROLE

Justement!

GEORGES

Chus pas une memére, moi. Les tits taponnages de flo, pis les tits becs avant de s'coucher, c'pas mon genre!

CAROLE

C'est même pas de t'ça que j'parle!

GEORGES

Ben de quoi tu parles? Qué cé qu'tu veux? Que j'la trouve lumière? A était niaiseuse! A jamais été capable de s'organiser pour avoir l'air d'une femme. A m'aimait-tu, elle, tu penses? Pas capable de s'mette un morceau d'linge de femme sus l'dos, toujours l'air de pas avoir de cul, comme sa mère. Quand on a l'body qu'a l'avait, faut s'arranger en crisse si on veut que l'monde nous voye!

CAROLE

Jocelyne était pas lette. Vous l'avez toujours trouvée lette, vous y avez toujours dit ça, pis s'pour ça qu'a s'sentait lette. Mais les gars couraient après si vous voulez l'savoir! Y a trouvent belle.

GEORGES

Les gars! Tu veux-tu dire les tits fefis qui s'tiennent din bars oùsqu'a va? Crisse, y ont rien dans leu short ces gars-là: y peuvent ben la trouver belle! Ça l'a pas avancée, ça, qu'y a trouvent cute, y en a pas un qui a été capable d'la mette, crisse!

CAROLE

Y a pas rien que l'cul dans vie! C'pas de t'ça que j'parle.

GEORGES

Ben moé, c'est de t'ça que j'parle! Quand une fille a pas son compte, a file mal, pis a trouve la vie plate.

CAROLE

Fa qu'c'est pour ça qu'a s'est tirée, vous pensez? Parce qu'a était mal baisée? C'est toute c'que vous avez compris là-d'dans, vous? C'est toute c'que ça vous fait?

GEORGES

Crisse, penses-tu que j'vas m'mette à chiâler comme un fefi? J'y ai dit qu'a s'arrangeait pas. J'y ai dit qu'amanchée comme a était, a mettrait pas l'feu au cul à parsonne. J'y ai dit qu'a l'avait l'air d'une sœur pis qu'a r'semblait à sa mère: un gars qui va à peau, c'pas une fille de même qu'y charche! J'y ai même acheté un top une fois, pis a l'a jamais mis, crisse, jamais!

CAROLE

Fa que là, vous aviez toute faite c'que vous aviez à faire pour elle? C'est ça un bon père!

GEORGES

(*Un temps. Il ne comprend pas l'intervention de Carole.*) Crisse! J'tais toujours ben pas pour la mette!

CAROLE

Ça s'peut-tu! J'ai jamais vu un porc de même!

GEORGES

Ben, c'est parce que t'as jamais rien vu, crisse! J'en connais des porcs, moi, pis c'pas des gars comme moi. Si tu veux que j't'en conte, t'as rien qu'a l'dire: tu vas avoir assez peur ma p'tite fille que tu vas arrêter d'dire des niaiseries.

CAROLE

J'ai pas besoin de rien m'faire expliquer. Mais j'vas vous dire un affaire: si j'avais eu un père comme vous, c'est vous qu'j'aurais tiré, pas moi. Jocelyne s'est trompée: c'pas elle qui vaut rien, c'est sa crisse de famille! C'tait sa famille qu'a l'aurait dû tuer, pis ça fait un maudit bout d'temps à part de t'ça! Du monde sans cœur, pas capable de parler, pas capable de rien comprendre.

GEORGES

Si t'es si bonne que ça, t'avais rien qu'à comprendre, toi. T'étais sa tchum, t'avais rien qu'à y parler. On est pas mieux pis pas pire que ben d'aut'. Asseye pas d'nous faire passer pour des écœurants. Quand j'vois ça, ça chiale pis ça critique, pis c'est pas capable de faire mieux. C'est pas plusse capable d'être là dans l'bon temps. Crisse, oùsque t'étais, toi, quand a s'est tirée? T'étais en train d'avoir du fun pis de t'faire aller avec un gars, pis tu y pensais pas pantoute à ta *grande* chum, han? Écœure pas trop, ma p'tite fille, parce que tu vas filer mal t'à l'heure.

CAROLE

(*L'argument a porté.*) C'pas un gars comme toi qui peut m'faire mal filer.

GEORGES

Tu penses ça? Ben, tu t'trompes! Crisse, ça l'a encore la couche aux fesses, pis ça pense que ça sait toute! Attends de n'avoir, des flos, si jamais tu trouves un gars pour t'en faire, pis tu parleras après.

CAROLE

Fais-toi-z-en pas, je n'aurai pas!

GEORGES

Tins! Tu s'rais même pas capable d'é faire vivre! Tu s'rais obligée d'arrêter d'courir les bars de fefis, ça f'rait pas ton affaire, han?

CAROLE

Si tu penses que j'vas rajouter quequ'un à gang d'écœurants qui a déjà sus à terre, d'la marde!

GEORGES

Ouain, c'est ça: appelle ça comme tu voudras, ça veut rien qu'dire que t'es pas capable de l'prendre. Ben moi, je l'ai pris, j'l'ai élevée, pis j'ai payé pour pendant vingt ans: pis ça, crisse, ça s'appelle faire c'que t'as à faire dans vie!

CAROLE

Si t'avais faite c'que t'avais à faire, a se s'rait pas tuée.

GEORGES

Tu m'metteras pas ça sus l'dos, o.k.? Si c'tait d'nos affaires, a l'aurait faite chez nous, à maison. C'est après qu'c'est arrivé. Quand ses tchums étaient ailleurs...

CAROLE

C't'à cause d'la vie qu'a l'a faite chez vous qu'c'est arrivé. C'est jusse qu'a l'a réalisé une fois tu-seule.

GEORGES

Crisse, chez nous, au moins, a faisait une vie normale! Tu suite quand a l'a été en loyer, a s'est mis à sortir toué soirs, pis à boire, pis à coucher avec n'importe qui. A l'a pas gardé sa job, han, y a pas un boss qui garde une vendeuse qui arrive toute pockée toué matins pis qui est même pas capable de s'arranger.

CAROLE

A l'a pas gardée parce qu'y renvoyait du monde, parce que les ventes étaient pas assez hautes, pas parce qu'a faisait pas!

GEORGES

C'est ça. Pis a l'allait boire son chômage au lieu d'aller s'charcher une aut' job.

CAROLE

A l'était tout l'temps tu-seule! Vous savez pas c'que c'est d'rentrer tu-seule dans un p'tit appartement, d'manger tuseule, de penser, pis d'penser tout l'temps ou ben de r'garder la tévé jusqu'au *Ô Canada*, pis d'se faire v'nir une pizza pour étirer l'temps parce qu'on s'endort pas. A l'était tu-seule tout l'temps: fa qu'on sort dans c'temps-là, pis c'est pas sûr qu'on soye moins tu-seule, mais au moins y a du bruit pis y a du monde qui ont l'air d'avoir du fun.

GEORGES

C'pas d'ma faute, moi, si a sait pas s'organiser. C'est sa vie, pas a mienne.

CAROLE

Je l'sais! Mais si a l'avait pas été tu-seule toute sa vie! Si seulement quequ'un l'avait vue, l'avait r'gardée, p'tête que ça l'aurait été moins pire.

GEORGES

Si a voulait s'faire des amis, c'pas en traînant din bars avec les plottes qu'a l'allait s'en faire. L'monde en a des amis, pis c'est pas si compliqué qu'ça. J'ai jamais été obligé d'faire c'qu'a fait, pis j'en ai des amis.

CAROLE

Vous l'savez même pas comment qu'a vivait. Ça vous a jamais intéressé. Arrêtez donc d'parler de c'que vous connaissez pas.

GEORGES

C'est ben simple: a était pas normale. J'sais pas de qui c'qu'a tient ça, mais a l'était un peu craquée, a l'a jamais été ben normale. Mais là, a l'a dû virer folle pour de vrai.

CAROLE

Crisse que c'est facile! On a rien qu'à dire qu'est folle, pis c'est réglé! Tout l'monde est correque, y a parsonne de responsable. A l'a jamais été normale, pis ça finit là! C'est réglé, y a pus d'problème!

GEORGES

Qué cé qu'tu veux que j'te dise? Les asiles sont pleines de fous. A l'a dû s'droguer, pis a s'est dérangée dans tête. Comme a l'a jamais eue ben ben forte...

CAROLE

Ben oui, ben sûr, ben çartain... y manquait pus rien qu'ça! C'tait facile à trouver, c'est commode en crisse, ça, la drogue!

GEORGES

Crisse, nous aut', on est capable d'avoir du fun sans ça, pis on est normal. Les jeunes asteure, y a rien qu'ça qui é z'intéresse, la drogue.

CAROLE

Ouain, ça je l'sais qu'vous êtes normal. C'est des affaires normales qui vous intéressent: le cash, pis l'cul. Ben, les jeunes, comme vous dites, c'est la dope, le cash, pis l'cul.

GEORGES

J'te l'fais pas dire! Vous vous rendez fous avec ça. C'est c'qui a dû y arriver aussi.

CAROLE

C'pas vrai! C'pas ça qui est arrivé! Mais vous voulez pas l'voir, vous avez pas envie pantoute de l'voir. Ça fait vot'affaire de dire qu'a était folle pis dopée.

GEORGES

Ça fait pas mon affaire: C'EST ÇA.

CAROLE

(*Découragée.*) C'est ça: Jocelyne s'est pas suicidée: a s'est dopée, pis a l'a nettoyé un fusil, pis y a explosé dans bouche. A l'était tellement partie qu'a l'a voulu l'nettoyer avec sa langue, c'pour ça qu'a l'a mis l'canon dans sa bouche! Ça l'a pas mal de bon sens, ça, monsieur Trudelle, j'pense que vot' honneur va être correque, vos tchums vont jusse vous plaindre un peu, pis vot' femme va se r'mette plus vite.

GEORGES

Niaise-moi pas avec ça, o.k.? Si ça t'écœure de dire qu'a s'droguait, j'peux m'farmer là-d'sus, chus capable de comprendre. Mais l'accident, par exemple, ça c'est vrai. Si t'es une vraie tchum, tu vas comprendre que c'est mieux pour elle de dire ça.

CAROLE

Mieux pour elle! Qué cé qu'ça peut ben y faire, asteure, han? Mieux pour elle! Vous y avez jamais pensé à elle, v'nez pas m'faire accroire ça! C'est mieux pour vous aut', pis c'est toute!

GEORGES

En té cas, tu diras c'que tu voudras, c'est d'même, c't'un accident.

CAROLE

Çartain que j'vas dire c'que j'vas vouloir.

GEORGES

Crisse que t'es dure de comprenure! J'veux pas entendre parler d'suicide, s'tu clair?

CAROLE

Ça je l'sais. Mais chus pas vot'fille, ni vot'femme, fa que j'vas dire c'que j'vas vouloir.

GEORGES

Tu t'arranges pour avoir du trouble, ma p'tite fille...

CAROLE

J'ai pas peur.

GEORGES

Tu devrais: tu m'connais pas. C'pas ta gang de fefis qui va m'faire peur.

CAROLE

J'ai pas besoin d'parsonne. J'vas dire c'que j'ai à dire tu-seule. Jocelyne va avoir sa mort çartain, si a l'a pas eu l'resse.

GEORGES

Comme t'as dit t'à l'heure: a s'en sacre pas mal! Entéka, tu s'rais mieux d'faire attention à ta belle tite gueule, parce que j'connais mes droits, pis j'ai la loi d'mon bord dans un affaire de même. Tu viendras pas m'salir en pleine face, o.k.?

CAROLE

Pas besoin d'vous salir, vous l'faites tu-seul.

GEORGES

J't'avartis qu'ça va s'rende en cour, ça. Pis ça va t'coûter cher. Fa que tchecke-toé: c't'un accident!

CAROLE

C't'un suicide! Pis si c'est vraiment la seule affaire qui peut vous toucher, Jocelyne a pas manqué son coup, pis chus ben contente! Pis l'monde entier va l'savoir.

GEORGES

O.k., j'ai compris. Si tu penses me faire chier, tu t'trompes, pis c'est toé qui vas manger l'plusse de marde, j't'avartis. Salut!

Il sort. Carole est seule.

CAROLE

Va chier, hostie d'porc, va chier! Tu m'écœures pis tu m'fais pas peur. S'tu penses, maudit porc, s'tu penses que j'vas t'laisser toucher à elle, tu t'trompes en crisse! J'tais p'tête pas là à matin, mais là chus là, pis j'la lâcherai pas!... Maudite gang d'hostie! Maudite gang!

L'éclairage se fait dans la chambre. Lucie est là, la mère aussi, manteau sus le dos, toujours assise sur la même chaise, se berce un peu. Georges entre. La mère réagit aussitôt, se lève précipitamment. L'infirmière regarde la scène.

LA MÈRE

Ah... t'es là? T'es monté? T'as-tu dîné? Ta sœur t'a-tu donné d'quoi à manger? Si t'as faim, y a une machine à sandwichs, j'peux aller t'en charcher une... (*À l'infirmière.*) C'est par en bas, han, garde, la machine pour les sandwichs?

Georges lui met la main sur l'épaule gravement, protecteur. On sent qu'il a complètement changé d'attitude.

GEORGES

Laisse faire la sandwich, la mère, laisse faire. Énarve-toi pas pour ça. Chus capable d'attendre.

LA MÈRE

Ah, bon... s'correque... Veux-tu t'assire? T'as rien qu'à prendre ma chaise, chus tannée d'être assis. (*Elle y pense tout à coup.*) Ah... mais tu pourras pas fumer, par exemple. Han, garde, c'est vrai qu'y pourra pas fumer, dites-y, vous!

LUCIE

C'est sûr que, dans l'état des choses, c'est absolu...

GEORGES

(*Clin d'œil complice.*) ... ben voyons, garde, pas besoin de m'dire ça: chus pas fou! Ben çartain qu'j'allumerais pas icitte... Fatiquée, la mère, han? Est nerveuse à part ça.

LA MÈRE

Non, non, Georges, chus ben correque. Inquiète-toi pas d'moi, chus correque.

GEORGES

Ouain, ben là... (*Il la prend des deux mains par les épaules.*) Tu vas aller faire un tour d'l'aut' bord, tu vas t'prendre un bon café, fumer une bonne cigarette, pis tu vas m'laisser m'occuper de t'ça icitte.

LA MÈRE

Non, non, Georges, j'aime mieux rester, au cas...

GEORGES

J'ai dit que j'resterais, moi, t'as-tu compris? Prends un break, là, va d'l'aut' bord, j'm'occupe de toute.

LA MÈRE

J'm'assirais icitte, j'dirais pas un mot.

GEORGES

Viens, m'en vas aller te r'conduire, là, t'es restée, ça paraît.

Il la sort et revient presque tout de suite, l'air préoccupé.

GEORGES

Ouain, ça va être toffe pour elle... déjà qu'est tout l'temps sus l'nerf.

LUCIE

C'est des situations toujours très éprouvantes pour la famille.

GEORGES

Ben oui, ben sûr... c't'écœurant qu'ça arrive encore de nos jours, han, des accidents d'même?

Il sort son paquet de cigarettes et en prend une machinalement.

LUCIE

Monsieur Trudelle...

GEORGES

(*En riant.*) Ah ben crisse! Maudite habitude, han, ça? (*Il serre la cigarette et prend un cure-dent qu'il gardera dans sa bouche tout le long de l'entretien.*) Moé, j'ai commencé à fumer à quatorze ans, pis j'ai jamais slacké. Chus t'un gars d'même, moé, quand j'pogne de quoi de l'fun je l'lâche pas!... Ouain... un accident d'fou... c't'arrivé au gars d'un d'mes tchums... mais lui, c'tait pire, c'tait chez eux, y était responsable: c'était son 12.

LUCIE

Ben sûr, c'pas drôle...

GEORGES

Crisse, c'te gars-là était pas beau à voir après!

LUCIE

L'enfant?

GEORGES

Non, non, l'père: y s'est mis à boire... y en calait du gin... y était tout l'temps ben saoûl, pis y braillait... Pis c'tait pas une memére, là, han: six pieds, comprends-tu, bâti avec ça... Non, des histoires de même, ça peut mette un gars à terre pour le restant d'ses jours. Lui, c'pas pareil, c't'un suicide: la pire affaire!

LUCIE

Y a faite une dépression...

GEORGES

En plein ça! Nous aut', ses tchums, on a toute faite, mais... quand un gars s'écrase, han?

LUCIE

Ben oui, c'est dur.

GEORGES

Non, moé, heu... c'pour la mère que j'm'en fais. A l'était-tu pas pire à matin? Pas trop braillé? Parce que... a l'a d'jà eu des... heu... (*Se touche le front.*) j'veux pas parler contre, mais j'pense que c'est bon qu'vous l'sachiez: sont pas forts d'la tête dans famille de son bord.

LUCIE

Qu'est-ce que vous voulez dire?

GEORGES

Ben! Y sont... y perdent les pédales pas mal vite... un peu cracke-pot sus é bords, là... pas assez pour enfarmer, mais... pas fins, fins.

LUCIE

Non, vot'femme a pas eu ces réactions-là. Pas du tout, même. Pour être franche, a n'a pas eu pantoute de réaction: on dirait qu'a l'a pas réalisé.

GEORGES

Ben, c't'un accident, han... c't'arrivé vite, on s'attendait pas de t'ça. C'est dur pour elle de s'rende compte. C'est ça que j'voulais dire: est pas vite de comprenure.

LUCIE

En tout cas, c'pas encore inquiétant. Du moment qu'y aura quequ'un avec elle.

GEORGES

Ah, ma sœur va v'nir, a va se n'occuper. Les femmes ent'eux aut', sont toujours mieux, han? Y s'comprennent ben. Ma sœur va s'organiser avec elle.

LUCIE

Ah, oui, vot'femme en parlait. Y faudrait qu'a mange aussi: a l'a rien avalé encore aujourd'hui. C'pas bon, ça, quand on sait qu'on a un effort physique à fournir.

GEORGES

Ah, si y a d'quoi à faire, chus là. D'mandez-y rien à elle, a l'a pas d'bras. Gênez-vous pas, d'mandez-moi-lé.

LUCIE

J'parlais pas d'un exercice de même: j'parlais d'rester ici tout l'temps, pis d'supporter l'angoisse que ça suppose, avoir une fille dans c't'état-là.

GEORGES

Ah, ça, pour être dur sus l'système, c'est dur! C'est bête à dire, han, mais a nous a jamais faite de troube du temps qu'a était chez nous. Pas un mot, ben fine. Pas une lumière, mais une bonne fille.

LUCIE

Oui, vot'femme m'en a parlé. Monsieur Trudelle, pensez-vous qu'vot'fille aurait pu être déprimée de c'temps-là?

GEORGES

Ah non, j'pense pas... on l'saurait, han, on n'aurait entendu parler. C'pas comme si on s'parlait pas. Non, si Jocelyne arait pas filé, a l'aurait dit.

LUCIE

A s'confiait à vous?

GEORGES

Ah, j'dirais pas ça. A l'aurait dit à sa mère, qui me l'aurait dit: la vieille façon, han? Si c'aurait été un garçon, y aurait aimé mieux m'parler, mais une fille, s'plus proche de sa mère.

LUCIE

Ça fait longtemps qu'vot'femme n'avait pas eu d'nouvelles. Peut-être que vot'fille traversait un moment difficile, pis qu'a l'a pas voulu vous inquiéter?

GEORGES

Pourquoi s'vous dites ça? Pas d'raison. J'vous dis, moi, qu'a nous parlait. Je l'sais, chus son père. Si y a quequ'un d'placé pour le savoir, c'est ben moé. Faudrait pas commencer à partir des histoires, là, a dire n'importe quoi. (*Un temps. Il se choque très soudainement.*) À part de t'ça, c'tait à qui c'te gun-là? Ma fille a pas acheté ça çartain. C'est qui le sti d'cave qui y a mis ça din mains? J'aurais deux mots à y dire, moé.

LUCIE

On l'sait pas encore. La police a pris l'arme. A va trouver l'propriétaire, ça prendra pas d'temps.

GEORGES

C'gars-là, y sont mieux de l'avartir de s'cacher parce que, si je l'trouve, y va avoir d'la misère à s'en r'tourner chez eux. C't'un tueur, c'gars-là! C'est lui qui a tué ma fille! Y sont aussi ben d'l'arrêter.

LUCIE

Monsieur Trudelle, vot'fille est pas encore morte.

GEORGES

Je l'sais, mais est pas forte, par exemple.

LUCIE

Non, c'est vrai... heu... pensez-vous qu'ça soye possible qu'ça soye pas un accident? Admettons qu'on trouverait que Jocelyne s'est procuré l'fusil d'elle-même...

GEORGES

Vous la connaissez pas, vous, ça paraît. Impossible, garde! Ça s'peut pas! Ça s'peut pas! Pis qu'j'entende parsonne parler d'même de ma fille. A jamais rien faite de croche. Que j'voye parsonne parler contre elle.

LUCIE

Comme ça, vous croyez pas au suicide?

GEORGES

J'viens d'vous l'dire! Êtes-vous sourde? Ah, je l'sais, là: c'est la p'tite à côté qui vous a mis ça dans tête. Est sus é nerfs en crisse, elle, han? C'est sûr que c'est dur à prendre... moi aussi chus pas mal à l'envers. Si j'pouvais pogner l'gars qui y a passé l'gun...

LUCIE

Ça vous f'rait du bien?

GEORGES

Vous pouvez pas comprendre ça, vous. Vous êtes une fille trop jeune. Mais j'arais envie d'fesser quand j'vois c'qu'on y a faite. J'arais envie d'fesser en crisse.

LUCIE

Ça sert à rien j'pense, monsieur Trudelle faut pas voir ça d'même. Ça vengera personne.

GEORGES

Non, mais ça m'f'rait du bien en crisse! Entéka, m'as y d'mander quand a va pouvoir parler, a va me l'dire c'est qui, pis y va savoir comment j'm'appelle.

LUCIE

Monsieur Trudelle... vous savez bien qu'vot'fille pourra pas parler avant un bout d'temps. Pour le moment, a réagit pas au traitement, on dirait presque qu'a s'aide pas. J'ai l'impression qu'a veut pas vivre, a s'débat pas du tout, a s'laisse aller.

GEORGES

Ben ramenez-la, vous, soignez-la, pis ramenez-la.

LUCIE

On fait c'qu'on peut. Les médecins aussi. Mais moi, j'pense qu'y faut que l'patient veuille vivre. Quand est rentrée en salle d'opération, on peut pas dire qu'a l'était préparée à lutter... pis ça prend un bon état psychologique pour surmonter l'choc de l'opération. Vous comprenez, si a l'a essayé d'se suicider, a s'enlève ben des chances en partant, parce qu'a veut pas lutter, est pas combative, j'dirais.

GEORGES

C'est ça! Quand vous pouvez pus rien faire, quand vous manquez vot'coup, c'pas d'vot' faute, c'est d'la faute du malade! Crisse! C'est qui, l'docteur qui a dit ça? Qui vienne me l'dire dans face, voir... C'est d'la faute au docteur, pas d'la sienne! Câlice! Qu'j'en voye un dire qu'c'est d'sa faute! Qu'y a soigne! Pis si y connaît pas son affaire, emmenez-en un aut', c'pas plus cher! Que j'vous voye, moi, inventer des suicides parce qu'y connaît rien! Comment c'qu'y s'appelle, c't'épais-là? C'est quoi son nom? M'as l'actionner, moi ça s'ra pas long.

LUCIE

Ça dépend pas des soins, monsieur Trudelle, ça s'peut, ça, qu'un malade réagisse pas. Pis c'est moi qui a dit ça, pas l'docteur, c'est mon idée à moi...

GEORGES

Aye, me prends-tu pour une valise? On l'sait qu'c'est toujours vous aut' qui a l'gros boutte. Mais chus pas un cave, moé, j'en ai d'jà entendu des histoires de docteurs chauds qui maganent el malade. Si y en a un qui l'a maganée, y va m'trouver en crisse! M'as l'actionner, moé, m'as l'actionner pis m'as l'barrer.

LUCIE

On est mieux d'pas parler de t'ça maintenant, monsieur Trudelle... On va attendre, o.k., on va voir c'qui arrive pis on en parlera plus tard, une fois l'choc passé.

GEORGES

M'as t'dire ien qu'un affaire: c'est l'docteur qui va n'avoir un, choc. Vous m'ferez pas passer pour un cave parsonne. J'veux pus que c'gars-là touche à ma fille, o.k.? J'veux un aut'docteur, pis ça presse! Pis j'veux y parler tu-suite à part de t'ça. M'as y dire, moé, c'qui est arrivé, chus son père.

LUCIE

C'est pas moi qui s'occupe de t'ça. Allez au poste, pis d'mandez à voir le docteur Bérubé, y vous expli...

GEORGES

Ça va faire! Je l'connais l'truc: y vont m'faire niaiser toute la journée là. Va m'charcher l'docteur, m'as y expliquer ça icitte.

LUCIE

Moi, j'peux pas, monsieur Trudelle, j'soigne vot'fille. Est aux soins intensifs, j'ai pas l'droit d'la laisser.

GEORGES

M'as rester icitte, moi. Envoye, grouille-toi l'cul, va m'charcher l'docteur!

LUCIE

J'vous ai d'jà dis que j'peux pas sortir, pis j'sortirai pas! Allez au poste expliquer vot' affaire, pis parlez pas si fort.

GEORGES

Aye, écoute-moi ben, toi: si tu t'mets du bord de ta gang, tu vas t'faire barrer aussi vite qu'les aut'. C'pas parce que t'es cute que j'vas t'ménager.

LUCIE

Vous parlez trop fort, monsieur, vous faites du tort à vot'fille. S.V.P., sortez.

GEORGES

Parsonne va m'mette à porte de c'te chambre-là, o.k.? M'as vous tchecker, moé, si tu penses que tu vas faire n'importe quoi, tu t'trompes. Chus pas riche, mais j'ai l'droit d'avoir c'qui a d'mieux.

LUCIE

Parlez moins fort, sans ça, j'vous fais sortir d'la chambre.

GEORGES

J'ai pas d'ordre à r'cevoir de toi. J'ai l'droit d'voir c'te docteur-là, pis j'vas l'voir. Pis si y fait pas mon affaire, y va r'voler, o.k.?

Lucie s'occupe de la pression de la malade.

GEORGES

Ouain, t'es t'aussi ben d't'en occuper: si t'es icitte pour te marier, tu vas manquer ton coup aujourd'hui, t'auras pas l'temps de t'brasser l'cul d'vant tes beaux tits docteurs: tu vas a soigner.

L'infirmière se tourne vers lui. Très froidement, très sèchement.

LUCIE

Sortez! Sortez tu-suite.

GEORGES

Crisse, si tu penses que...

LUCIE

Si vous sortez pas, j'appelle l'infirmier, pis j'vous accuse d'empêcher vot'fille de r'cevoir des soins, pis j'vous avertis qu'vous aurez pus l'droit de r'mette les pieds ici, parce que ça va s'régler ailleurs. Laissez-moi la soigner. Laissez-moi tranquille.

GEORGES

C'est pour la soigner? Ah, vous avez rien qu'à l'dire, j'sais vivre. J'vas attendre dans l'corridor: vous me l'direz quand ça s'ra fini. Mais chus pas loin, han? J'vas aller m'occuper du docteur en attendant.

Georges sort. L'infirmière prend le téléphone.

LUCIE

Allô? Marguerite? Le père d'la suicidée s'en vient t'voir: y l'prend pas, y veut faire du trouble, j'pense. Avertis l'docteur Gagnon, o.k.?... Aye, j't'avertis, j'veux pus l'voir dans chambre o.k.? Tu m'donneras des nouvelles. Mais arrange ça comme tu voudras, j'veux pus y voir la face.

Elle raccroche et s'approche du lit. Elle fait le geste de caresser le front de Jocelyne.

LUCIE

Sais-tu qu'y en a pas encore un qui t'a parlé? Pauv' Jocelyne Trudelle, c'pas tout l'temps d'même, tu l'sais-tu? Din fois, dans vie, on tombe sus du monde pas si pire. Envoye, Jocelyne, fais un effort, toffe! o.k.? Fais-le pour toi, pour personne d'aut' que toi.

Jocelyne s'éloigne vers le piano. Le pianiste joue. Elle chante.

Laissez-moi donc tranquille
Avec vos yeux fermés
Vos yeux organisés
Vos yeux bétonnisés.

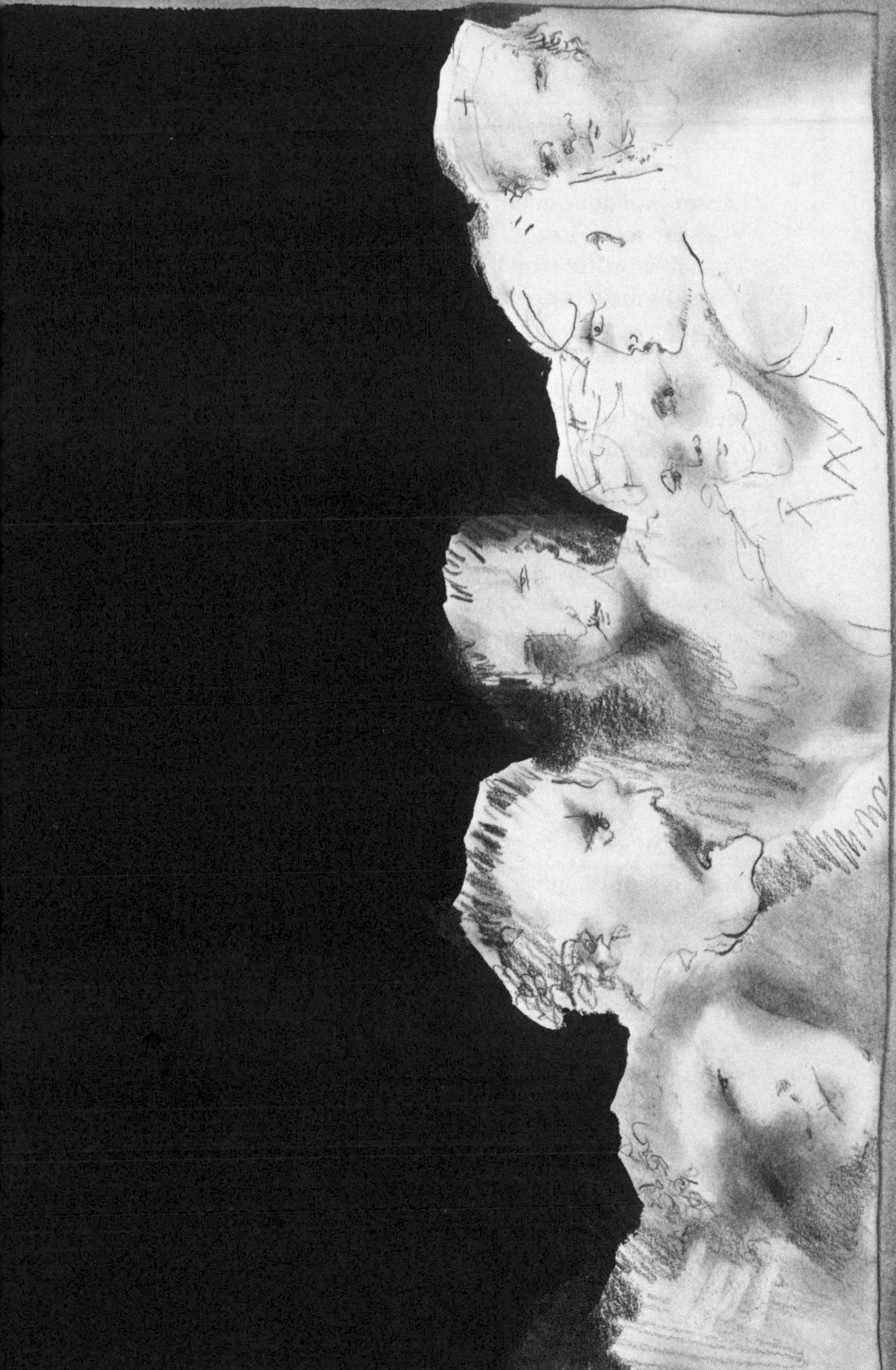

Laissez-moi donc m'enfuir
Vous me terrorisez
Vous m'étouffez trop l'âme
Avec vos mains qui serrent.

Laissez-moi me préserver
Avant de crever par vos mots
Avant d'mourir du silence
Qui hurle que tout est mort, mort.

Il fait si noir, maman
Rien n'avait de raison
Que le mal infini
Qui m'éclate et me ronge.

La chanson terminée, Lucie est occupée autour du lit. On doit sentir qu'elle vient de fournir un gros effort. Jocelyne est près du piano, mais elle ne l'atteint pas. Elle revient doucement. La mère entre dans la chambre.

LA MÈRE

Mais qu'est-ce qui s'passe, donc? Pourquoi c'qu'y crie d'même? A rempire-tu, garde?

LUCIE

Ça va mieux, là. On a ben failli la perdre es coup-là... a s'en allait. Le pouls était à 40, j'sentais presque pus rien, sa respiration... entécas, a revient, là, a va être correque pour le moment.

LA MÈRE

Son père est pas là? J'pensais pas qu'y s'en irait si vite. J'pensais d'l'avoir entendu...

LUCIE

Madame Trudelle, j'pense que l'mieux qu'vous avez à faire là, c'est d'rentrer chez vous vous r'poser. Emmenez vot'mari, pis si vous pouvez, essayez de l'calmer.

LA MÈRE

Y s'est choqué, c'est ça, han? Y s'est choqué? Ça me l'disait aussi qu'y s'choquerait!

LUCIE

Écoutez, on a travaillé une heure pour sauver vot'fille, toute l'équipe a travaillé. J'sais pas à quoi elle a réagi, mais y a queque chose qui l'a énervée. Alors j'veux du calme ici, du repos pis du calme.

LA MÈRE

Mais là, c'est-tu correque? Y est-tu déchoqué?

LUCIE

Moi, j'm'occupe de vot'fille, madame Trudelle, pas d'vot'mari. C'est elle qui est dans l'coma.

LA MÈRE

Oui, vous êtes ben fine... heu...

Elle regarde autour d'elle, comme perdue. Puis, elle s'assoit sur la chaise, misérable.

LUCIE

Madame Trudelle, y est minuit: pourquoi vous rentrez pas chez vous? Vous êtes épuisée, y a une autre infirmière qui va v'nir me remplacer pour la nuit... on la laissera pas tu-seule, pas une minute, pis si y a queque chose, le plus p'tit changement, on va vous appeler.

LA MÈRE

Ça va déranger si j'reste, han?

LUCIE

J'pense que c'est *vous* qu'ça va déranger. (*Temps.*) Ça vous inquiète tant qu'ça, la laisser tu-seule?

LA MÈRE

Si son père pouvait s'arranger tu-seul, moi, j'resterais.

LUCIE

Mais, madame Trudelle vous pouvez rien faire, là, vous pouvez rien qu'vous fatiguer.

LA MÈRE

Ah non, c'pas faticant. Y a jusse que son père...

LUCIE

Mais pourquoi vous voulez rester ici? Pourquoi? Vous y parlez même pas! Vous la voyez même pas!

LA MÈRE

Ah... c'est pour l'attendre... Comme avant, quand j'l'attendais la nuit en prenant du thé... c't'à c't'heure-là qu'chus ben... ça m'fait rien d'attendre, chus t'accoutumée. Mais si vous aimez mieux, m'en vas aller attendre chez nous, c'est pareil: attendre ici ou ben don chez nous.

LUCIE

Mais, madame Trudelle, si vot' fille arrivait, qué cé qu'vous y diriez?

LA MÈRE

Ah, je l'sais ben pas... a s'rait là, ça s'rait correque. J'aurais pas besoin de rien dire, du moment qu'a s'rait là, ça s'rait correque. J'pourrais aller m'coucher, pis elle aussi.

LUCIE

Mais vot' fille est pas sortie prendre un coup, là, madame Trudelle, a l'a eu un accident, a l'est blessée, pis c'est d'mourir ou d'vivre qui est question.

LA MÈRE

(*Elle touche la main de Lucie doucement.*) Ben oui, garde, je l'sais... je l'sais ben... mais c'est tellement pareil, din fois c'est comme si a s'rait r'venue chez nous.

LUCIE

Bon, moi y faut qu'j'y aille. J'travaille de huit à quatre demain, faut que j'dorme si j'veux faire ma journée... Comme ça vous restez?

LA MÈRE

À moins qu'son père...

LUCIE

J'pense qu'y est parti, là.

LA MÈRE

Pourtant, y est pas v'nu me l'dire: c'est signe qui est encore choqué.

LUCIE

Ça, ça s'peut ben!

LA MÈRE

Y va aller sus sa sœur. J'espère qu'y boira pas trop. Y a pas coutume d'la bouteille, mais quand y s'choque, y aime ben à prendre un verre... mais sa sœur va se n'occuper. Est mieux qu'moi dans c'temps-là, a l'connaît plusse, a sait comment l'prendre, han? Vu qu'c'est elle qui l'a élevé, a sait plusse comment l'prendre... m'en vas l'appeler tantôt.

LUCIE

Bon, ben, bonsoir, madame Trudelle. Bonne nuit, là.

LA MÈRE

Bonsoir garde, bonne nuit vous avec.

LUCIE

(*S'approche du lit et regarde Jocelyne.*) À demain Jocelyne. Bonne nuit.

Lucie sort. La mère reste seule.

LA MÈRE

Vous êtes ben fine, garde... C'est drôle, han, d'y dire bonsoir de même... C'est fin, ça, j'pense qu'on est tombé sus une bonne garde. Asteure, si son père peut s'déchoquer. J'ai pas besoin d'm'en faire, chus sûre qu'y va dormir. Même quand sa mère est morte, ça aurait d'l'air qu'y s'est endormi. C'est sa sœur qui m'a conté ça... eh bonne sainte vierge, vous y avez enlevé d'bonne heure, sa mère! Entéka, vous savez c'que vous faites, c'pas moi qui vas rouspéter. Asseyez donc, là, qui s'choque pas trop à cause de l'accident, han? Faites comme vous voulez, j'vous fais ben confiance, mais asseyez jusse qu'y s'choque pas trop.

L'infirmière de nuit entre. Plutôt âgée, c'est une bavarde avec un tricot, un roman-photo et un gros thermos de café.

L'INFIRMIÈRE DE NUIT

Ah ben! Y a quequ'un? J'suppose que vous êtes proche parente pour rester icitte à c't'heure-là? Chus l'infirmière de nuit, j'vas rester icitte toute la nuit, pas besoin d'vous inquiéter, j'm'endormirai pas. On va en prendre soin de c'te p'tite personne-là. (*Elle s'approche du lit.*) On a faite des folies, han, on s'est découragée... On pense que pus rien vaut rien? Ben, ma p'tite fille, on va te r'mette sus tes pattes, pis tu viendras nous dire marci plus tard. C'est jeune, han? C'est jeune, ça l'a toute pour eux aut' mais ça l'a pas d'tête, pas d'tête pantoute! J'sais pas c'qu'y ont toute à déprimer d'même... comme si on avait pas d'misère nous aut'avec, comme si c'tait facile... han? C'est pas facile, c'est sûr, c'est pas facile de nos jours... qué cé qu'vous voulez? On est pas sus à terre rien qu'pour not'plaisir personnel, y faut ben faire queques sacrifices... mais c'est gâtés, han, c'est trop gâtés, ces enfants-là, ça l'a toute eu, ça s'fait pas à l'idée de s'priver d'quoi qu'ce soit. J'te dis qu'ça s'décourage vite pis pour pas grand'chose... J'en ai d'jà veillé une, vous m'croirez si vous voulez: quinze ans, belle comme ça s'peut pus: a l'avait envalé la bouteille de valium à sa mère. Savez-vous pourquoi? Vous devinerez jamais: a l'avait pas passé son examen d'mathématique! C'tu assez fort? Moi, j'dis qu'une tape sué fesses de temps en temps, ça fait pas d'tort. C'est niaiseux, ça! Qu'y viennent pas m'faire accroire qu'la vie est trop dure à vingt ans! Qué cé qu'y vont dire à mon âge? Si on était toute comme eux aut', l'gouvernement aurait pas besoin d'nous varser nos retraites de vieux: on s'rait toute morts à l'heure qu'il est!

Lorsqu'elle aura terminé avec les soins, elle s'assoit avec son tricot. Son discours est ponctué de certains petits temps. Elle prend son thermos et se verse un premier café.

J'espère qu'ça vous dérange pas qu'j'vous en offre pas: y est calculé pour faire jusse correque jusqu'à fin d'mon shift. Ça l'air fou à dire, han, mais au prix qu'ils l'vendent, leu café ici, ça vient qu'à faire cher. Moi, j'bois beaucoup d'café: quand j'fais une nuitte de même là, j'descends mon thermos. Ben, à 50 cennes la tasse si on travaille toute la semaine, y t'en resse moins épais sus ta paye. Moi, j'aime autant emporter toute c'qui m'faut: c'est franchement moins cher! J'leu donnerai pas 50 cennes la tasse, pis une piasse et demi la sandwich aux œufs, çartain! T'sais qu'on en fait d'la sandwich aux œufs pour une piasse et demi! Ah, c'pas drôle! C'pas drôle comme toute a augmenté. Moi, j'me souviens quand on payait une livre de beurre 32 cennes. C'pas des farces, han, 32 cennes! Y faut savoir s'organiser pour pas arriver dans l'trou à fin du mois d'nos jours. J'travaille pas tout l'temps, moi, han, vous savez, y m'appellent là, quand y ont besoin, quand y a plein d'monde pis qu'leu staff d'ordinaire, c'pas assez. Ça m'arrange, y a pas à dire, j'arriverais pas sans ça, ça m'arrange. C'est pour dire que l'malheur des uns fait l'bonheur des aut', han? Ça m'arrive d'en faire du privé aussi. J'vas dans des maisons pis j'm'occupe de leu malades. J'vous dis qu'y faut être en moyens pour se payer ça. Mais y a du monde riche, han? C'pas croyable le gaspillage dans ces maisons-là. Ben, j'vous dirai, madame, si ça peut vous consoler, que ces gens-là sont pas plus heureux qu'nous aut'. Y ont pas d'problème d'argent, mais y n'ont d'aut'. Moi, j'ai veillé un cardiaque qui en était à sa troisième crise, ben, vous m'croirez si vous voulez, y arrêtait pas d'dire que tout l'monde attendait qu'y crève, qu'ses enfants étaient des sans cœur, pis que lui, y avait jamais aimé parsonne de sa vie. Hé qu'ça l'fatiquait ça! Y arrêtait pas d'jurer sus l'Évangile que, si y se r'mettait, y aimerait quequ'un. Ben, y s'est pas r'mis l'pauv' yable, y est mort en peine de t'ça. Mais sa famille était pas si sans-cœur, y m'ont ben payée. Y en a assez qui sont proches de leu cennes: si l'patient passe pendant ton shift, y te l'coupent en deux, y calculent les heures pis les secondes, envoye donc! Entéka, on peut pas changer l'monde, on est mieux d's'y faire, c'est moins long! C'est ça qu'y comprennent pas les jeunes. Y voudraient toute changer, toute arranger ça comme y pensent, pis y sont sûrs de penser la bonne affaire, comme si parsonne avait jamais pensé avant eux aut'! Sont-y drôles, han? Dans l'fond, y ont trop une belle vie, y ont pas eu assez d'misère... y sont libres de faire c'qu'y veulent, y ont d'l'argent plusse qui leur en faut, les filles s'occupent pas d'leu réputation, y ont même pas besoin de s'marier asteure: envoye donc, n'importe quand à n'importe quelle heure, à cause d'la pelule! C'pas facile en monde! Pis ça s'plaint encore! Ben moi, là, l'fond d'mon idée, c'est qu'ça manque de discipline, toute ça. Pis c'est pour ça qu'y font des folies comme elle, là. Laisse ben faire que quand y s'marient, y s'tranquilisent les nerfs, pis y commencent à marcher droite. Mais c'est avant qu'c'est dur! Y sont pas t'nables. On dirait qu'y font exprès pour es défaire la santé. J'en ai vu, moi madame, tellement drogués, là, qu'on dirait qu'y ont pus d'yeux. On dira c'qu'on voudra, mais c'est moins pire la boisson. Au moins, on connaît ça. On sait comment prendre ça un gars chaud, c'est moins pire. Pensez pas, vous?

Silence. Madame Trudelle hoche vaguement la tête dans un signe qui peut passer pour un oui.

Ça vous tanne pas, toujours, que j'parle han? Ça m'tient réveillée. J'parle tout l'temps d'même. Mes malades d'habitude, y sont tellement malades qu'y en font pas d'cas. Y font pas voir que ça les achale, pis moi, ben, ça m'tient réveillée. Chus tu-seule, han, j'vis tu-seule, moi. Pis à longue, ça vient qu'à être ennuyant, fa que j'ai pris l'habitude de parler d'même à mes malades... pis des fois, j'me fais des jeux d'cartes chez nous l'soir, pis j'me parle de même. Ça fait du bruit, ça m'tient compagnie. Ah, j'ai la radio pis la tévé... j'les ouvre, mais on vient qu'à avoir envie d'parler nous aut' avec, han, pas jusse eux aut'... Ici, aux soins intensifs, j'ai pas l'droit d'avoir de radio. Des fois, chez les privés, on peut. Ça dépend du monde, han, ça dépend comment c'qu'y prennent ça la maladie. Y en a qui s'font pas à ça pantoute. C'est sûr que les cancers pis les affaires de même, c'est tellement long qui ont l'temps de s'faire à l'idée, han? S'pas pantoute comme les suicides... c'est drôle, han, j'pensais qu'ça arrivait jusse aux jeunes, ça. Ben, vous m'croirez si vous voulez, mais j'en ai soigné une, une fois qui avait quarante-cinq ans. MA-GA-NÉE, madame, c'tait pas croyable! On aurait dit qu'a l'aurait voulu trouver la pire façon. A s'tait ouvert partout, une vraie boucherie! Pis a l'avait toute pour elle, ben sûr: un beau mari ben poli, des enfants assez grands, ben élevés, une belle maison propre, mais propre: ça, à rêver! Pis c'tait elle qui entretenait toute ça! Pis, c'tait propre! J'sais pas comment a l'a faite pour décider ça, pis de c'te manière-là à part de t'ça: a l'aurait voulu toute salir avec son sang, qu'a l'aurait pas faite mieux! J'vous l'dis: une vraie boucherie! Faut être fou, moi j'dis qu'y faut être fou! Faut vraiment pas avoir toute sa tête à soi. Une vraie belle maison qu'a l'avait. Queque chose de beau, avec un jardin pis des arbres. Qui c'est qui peut s'vanter d'en avoir autant? Moi, j'pense que si y faisait pas tant d'articles pis d'publicité sus l'suicide din journaux, ça s'rait moins pire. El monde y penserait pas. Qué cé qu'vous voulez, ça vient qu'à avoir l'air normal. C'est sûr que ça leu fait des bonnes nouvelles, avec des grosses photos pis toute, mais moi j'dis quand même que c'est pas bon, ça donne des envies à ceux qui ont pas toute leu tête... Ah, j'veux pas dire que la vôtre est pas correque dans tête, c't'une passe de même, a va se r'mettre pis ça va aller mieux. Si est trop tu-seule, vous pouvez p'tête y acheter un chat ou ben un oiseau. Ça l'air de rien, han, mais ça tient compagnie. Ça fait quequ'un qui vous attend l'soir quand on rentre, ça fait quequ'un à s'occuper pis à parler. Ça répond pas pis c'est jusse. J'vous dis qu'y a des chats qui valent ben des hommes: c'est fin, pis c'est doux. Ça s'colle sus toi, là, pis ça ronronne. Moi, j'en garde un, mais si j'm'écoutais je n'aurais quinze. Mais c'est cher à garder: surtout que l'mien est gâté, pis qu'y mange pas n'importe quoi. Pis en tu cas, les animaux, quand on les perd, on peut les remplacer, c'est pas comme les hommes ou ben les enfants. Moi, j'en ai pas d'enfant, j'en parle de même, là...

Pendant le monologue de l'infirmière, madame Trudelle s'est mise à pleurer doucement, sans sanglot, silencieusement. L'infirmière s'en rend compte tout à coup.

Ben oui, mais qué cé qu'y a, madame? Qué cé qu'y s'passe? J'ai-tu dit queque chose qui a pas faite? Pourquoi vous pleurez d'même? Êtes-vous inquiète? Tiens, prenez un peu d'café, là...

LA MÈRE

Non, non marci... je l'sais pas pourquoi j'pleure... je l'sais pas pantoute, j'm'étais même pas aperçue que j'pleurais...

C'pas grave, occupez-vous pas d'moi, c'pas grave...

L'INFIRMIÈRE DE NUIT

Ben oui, mais ça pas d'bon sens, faut vous r'poser.

LA MÈRE

P'tête ben oui... je l'sais pas. J'peux-tu rester encore un peu? Pis l'attendre?

L'INFIRMIÈRE DE NUIT

L'attendre? Vous attendez quequ'un? À c't'heure-là?

LA MÈRE

Oui... j'peux-tu rester?

L'INFIRMIÈRE DE NUIT

Ça m'dérange pas, madame, restez tant qu'vous voulez; moi, j'en fais pas d'cas.

LA MÈRE

J'f'rai pas d'bruit, j'vas prier dans ma tête.

L'infirmière se rassoit et prend son roman-photo.

L'INFIRMIÈRE DE NUIT

C'est ça, moi j'vas lire un peu. J'vas asseyer d'faire moins d'bruit, m'as vous laisser tranquille un peu. Ça peut p'tête la fatiquer elle aussi.

La lumière se tamise doucement jusqu'à s'éteindre. Le pianiste joue doucement. Quand la lumière revient, c'est le matin. La mère n'est plus là. Dans la salle d'attente, Carole est assise, les bras croisés, le regard fixe: on dirait qu'elle n'a pas bougé. Lucie passe par cette pièce se chercher un café.

LUCIE

Carole? T'es t'encore là, toi? T'as passé la nuit ici? C'est-tu parce qu'a va plus mal? Y t'ont-tu appelée?

CAROLE

Non, non. J'ai pas bougé. J'te l'avais dit: j'vas rester avec elle.

LUCIE

Tu l'as-tu vue? Tu y as-tu parlé?

CAROLE

(*Fait signe que non.*) J'arrête pas d'y parler, mais je l'sais ben qu'a veut rien savoir de parsonne.

LUCIE

Penses-tu? Chus pas sûre, chus pas sûre pantoute. Aye Carole... l'médecin va v'nir à matin, p'tête que tu pourrais y parler, y d'mander c'qu'y en pense, lui.

CAROLE

Penses-tu que j'vas croire un docteur plusse que toi? C'est toi qui passes tes journées à coté d'elle, à la soigner, c'pas lui. Lui, y va passer avec son air important, des dossiers pleins les bras, pis y aura pas une minute. J'vois pas c'que c'te gars-là peut m'dire de plusse que toi. Ça m'intéresse pas de l'voir er'garder sa montre pendant les trois minutes qu'y va m'parler.

LUCIE

Tu connais pas l'docteur Bérubé, toi. J'te dis qu'c'est pas l'genre!

CAROLE

P'tête ben... m'fait rien.

LUCIE

T'as-tu mangé d'quoi? As-tu vu quequ'un d'puis hier soir?

CAROLE

Pas faim...

LUCIE

J'vas t'apporter des toasts, o.k.? Tu vas-tu vouloir les manger?

CAROLE

J'ai pas faim.

LUCIE

Chus t'en avance sus mon shift, y est rien qu' 7 heures et quart. R'garde, on va faire de quoi: j'vas chercher du déjeuner, j'l'apporte ici, pis on va manger ensemble, o.k.? Ça va être moins plate pour les deux.

CAROLE

Pourquoi t'arrives tellement en avance?

LUCIE

Ah, ben, j'ai mal dormi c'te nuit... Dans c'temps-là, j'aime autant me l'ver. J'savais que j'changeais d'shift à matin, pis ça l'a dû m'énerver, han? Quand j'ai peur de manquer d'sommeil, ça m'empêche de dormir, c'pas ben brillant.

CAROLE

T'as-tu des nouvelles?

LUCIE

Pareil. Pas un changement. J'vas aller voir avant de r'venir.

Elle sort. L'infirmière de nuit est en train de finir sa tasse de café quand elle entre dans la chambre.

L'INFIRMIÈRE DE NUIT

Ah ben, vous êtes en avance çartain! J'ai même pas écrit mon rapport, pis chus rendue à ma dernière tasse de café. D'habitude, là...

LUCIE

Oui, chus t'en avance, comment c'qu'a va?

L'INFIRMIÈRE DE NUIT

Ça a pas bougé. Pantoute. J'ai été chanceuse.

LUCIE

La fièvre?

L'INFIRMIÈRE DE NUIT

Pareille... pas pire, pas mieux.

LUCIE

A l'a toujours ben passé la nuit: c'est d'jà ça.

L'INFIRMIÈRE DE NUIT

Ça, c'est sûr... mais mon avis, a passera pas la journée: j'avais d'jà assez peur qu'a passe pendant mon shift.

LUCIE

A va faire sa journée, chus sûre qu'a va la faire. Ça va aller mieux. Si a l'a passé la nuit, a passera ben la journée.

L'INFIRMIÈRE DE NUIT

Moi, j'me souviens d'un cas d'même: les parents avaient toute faite, han, les plus grands spécialistes, envoye donc, y avaient pas confiance en parsonne.

LUCIE

Sa mère est partie à quelle heure? A l'a-tu passé la nuit ici?

L'INFIRMIÈRE DE NUIT

Non, non. Imagine-toi donc que l'mari est v'nu a chercher à trois heures du matin. Y a même pas monté, y l'a envoyé charcher par el Philipps d'en bas. J'ai jamais vu quequ'un d'aussi plate. Est partie comme une flèche, pas d'bonsoir, pas rien. Moi, du monde qui...

LUCIE

A l'a-tu parlé à sa fille? A vous a-tu parlé?

L'INFIRMIÈRE DE NUIT

Ah non, a était pas d'conversation pantoute. C't'une pauvr' femme. A l'a prié tout l'long.

LUCIE

Bon, ben, j'vas r'venir tantôt.

L'INFIRMIÈRE DE NUIT

Y a pas d'soin. Le dossier va être prête, pis moi avec.

Lucie sort. Elle revient parler à Carole, plateau en main. Carole prend la toast qu'elle lui tend.

CAROLE

Merci. J'sais même pas comment tu t'appelles.

LUCIE

C'est ben qu'trop vrai: Lucie... Lucie Fecteau.

CAROLE

Qué cé qu'ça dit, d'l'aut'bord?

LUCIE

Pareil. Aucun changement.

CAROLE

S'tu bon, ça?

LUCIE

Ben... c'est l'coma, han? L'même œdème... c'pas encore c'qu'y a d'mieux.

CAROLE

Mais ça veut encore rien dire?

LUCIE

Je l'sais pas. Je l'sais pas pantoute. Bérubé va nous l'dire. Y est très bon, lui, a l'a été chanceuse de pouvoir l'avoir.

CAROLE

Tu trouves? J'sais pas c'qu'a l'en penserait, elle.

LUCIE

Tu sais, ça s'peut qu'a l'aye changé d'idée. Y en a beaucoup qui changent d'idée en cours de route. C'pas pour rien qu'ça l'existe, les Tel-Aide, pis toute.

CAROLE

Pas avec une balle, Lucie. Pas d'même.

LUCIE

Mais une fois faite, là, même sus l'coup, p'tête qu'a l'a changé d'idée.

CAROLE

A devait être tellement en hostie d'avoir manqué son coup.

LUCIE

Tu manges pus?

CAROLE

Merci, t'es ben fine, mais ça passe pas.

LUCIE

P'tête tu devrais aller te r'poser un peu... j't'appellerais aussitôt qu'j'aurais des nouvelles.

CAROLE

Non... j'en ai d'jà passé des nuits blanches, ça m'fait rien. J'peux toffer un bon bout d'temps.

LUCIE

Viens-tu avec moi?

CAROLE

Non, j'vas rester ici. J'ai fini par trouver Ric, le gars, là, c'te nuit au bar. Y a dit qu'y viendrait. J'vas l'attendre, j'veux y parler à lui.

LUCIE

Penses-tu qu'y va vouloir parler à Jocelyne?

CAROLE

Je l'sais pas. M'a asseyé d'savoir c'qui s'est passé, en tout cas. On verra ben.

LUCIE

Mais s'tu un gars qui l'aimait?

CAROLE

J'pense pas... je l'sais pas...

LUCIE

O.K. j'y vas. Tu sais où m'trouver, han?

CAROLE

Oui, oui, merci.

Lucie sort. L'éclairage change. Pianiste et Jocelyne sont éclairés.

Toujours seule au fond du gouffre
Toujours tassée, apeurée
Et guettant la vague terrible
Qui sans cesse doit m'emporter.

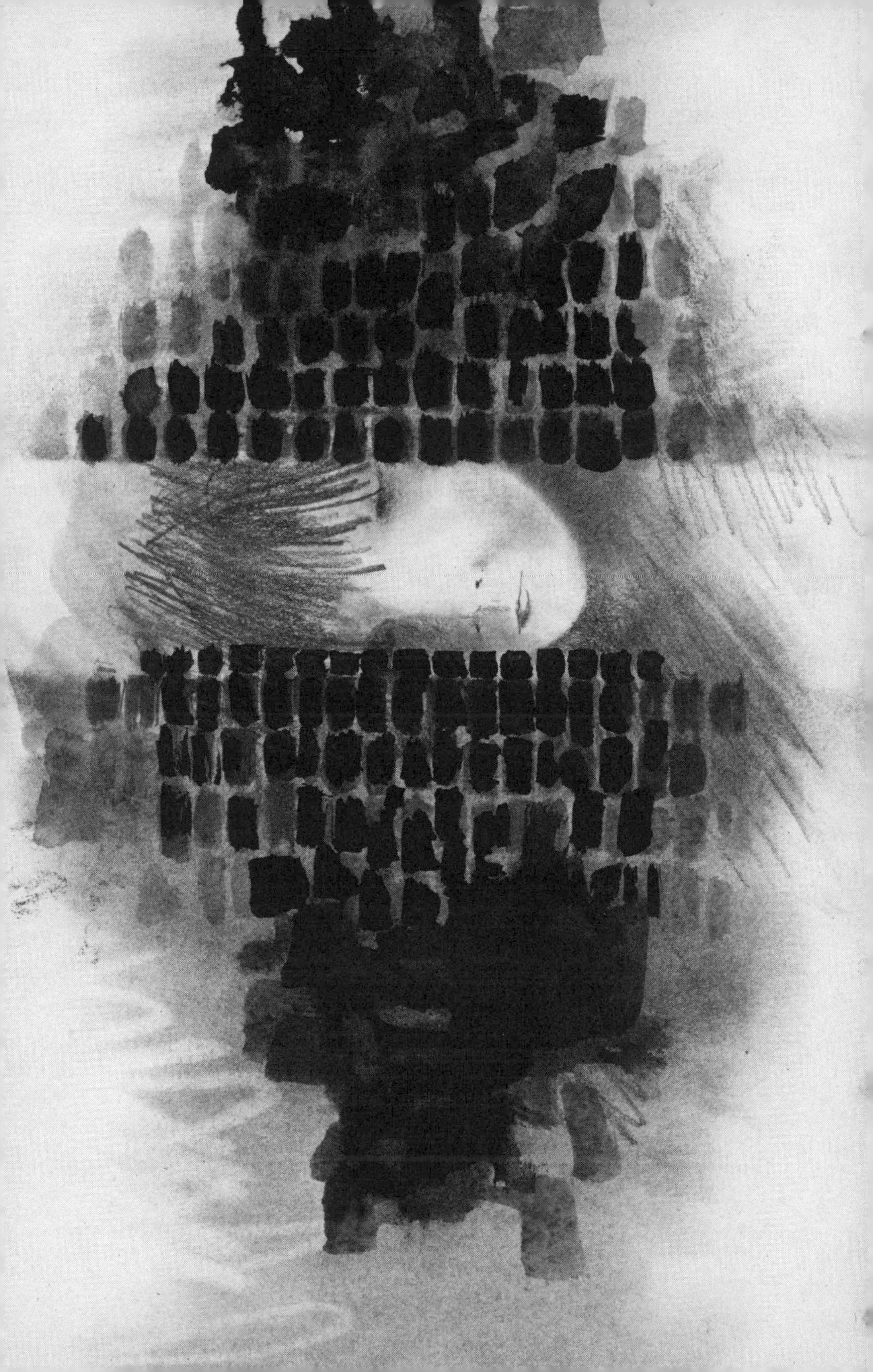

Si l'matin d'été est beau
Et respire de bleu de ciel
Alors l'espoir me reprend
De trouver le fil d'Ariane.

Mais les soirs si lourds de pluie
Que le vent glace de terreur
Ses enfants les goélands
L'espoir passe par la folie.

Ce soir, la brume m'envahit
La pluie roule sur ma folie
Et vos murmures consentants
Coulent dans le sel de mes larmes.

Toujours seule au fond du gouffre
J'aspire à des mains muettes
Qui soulèveraient l'angoisse
Et feraient taire le vertige.

Tout de suite après la chanson, Ric arrive. Très énervé, il se laisse couler sur la chaise en face de Carole.

RIC

Sti qu'j'haïs ça, v'nir dans une place de même. Entéka, laisse-moi t'dire que t'as l'tour de casser un party, toi.

CAROLE

Ouain, j'sais. Jocelyne a pas tchecké si a dérangeait une foire. A pas dû y penser, a d'vait avoir la tête ailleurs.

RIC

O.k. s'correque, rushe pas.

CAROLE

Y est d'bonne heure pour un gars qui a fouerré tout la nuitte.

RIC

Cé qu'tu penses, sti? Me sus pas couché! Me sus t'en v'nu direct icitte! Pourquoi c'qu'a veut m'voir? J'ai rien à faire là-d'dans, moi.

CAROLE

A veut pas t'voir, c'est moi qui veux t'voir.

RIC

Ah, a veut pas...

CAROLE

Non, est dans l'coma... pis c'pas ton genre de coma.

RIC

Qué cé qu'a faite, sti? A s'est tirée en bas du balcon chez eux?

CAROLE

A s'est tirée, pis c'est toute.

RIC

HAN? A s'est clanchée? Jocelyne? A s'est clanchée avec un gun? Crisse, oùsqu'a l'a trouvé ça, c'te gun-là? Pourquoi c'qu'a l'a faite ça?

CAROLE

C'pas un gun, c't'une 22. Pis je l'sais pas oùsqu'a l'a trouvée. Tu l'saurais pas, toi?

RIC

Moé? Pour qui s'tu m'prends, crisse? Chus pas un rocker. Me promène pas en ville avec el morceau din poches. Si c'est pour ça qu'tu voulais m'voir, tu capotes en hostie. Jamais eu un gun de ma vie, moi. D'mande ça à Plamondon, t'sais, lui y s'rait l'genre...

CAROLE

Pogne pas é nerfs. J'fais jusse te l'demander, j't'accuse pas.

RIC

Ouain, t'es t'heavy en hostie! (*Temps.*) Est-tu ben smashée?

CAROLE

Je l'sais pas. Ça doit.

RIC

L'as-tu vue? Oùsqu'a l'est?

CAROLE

Est à côté. Si ça t'tente, tu pourras y aller t'à l'heure.

RIC

Ah, force pas, han... moi, les junk... chus pas fort là-d'sus... Oùsqu'a s'est envoyé ça?

CAROLE

Dans gueule.

RIC

(*Secoué.*) Sti... t'es raide... s'pas cool. A va toute être scrap, a va toute avoir la face scrap après ça. Crisse...

pourquoi c'qu'a l'a faite ça? J'pensais jamais qu'a capotait d'même.

CAROLE

Moi non plus, j'pensais pas.

RIC

A t'a-tu écrit d'quoi? Une lettre, queque chose...

CAROLE

Non, rien.

RIC

Ça écœure en hostie... a faisait une crisse de vie plate, par exemple.

CAROLE

On est tellement au boutte d'abord, nous aut'!

RIC

T'as l'air de prendre ça rof en hostie, Carole. Crisse, c'pas d'ta faute! Tout l'monde en a des buzz. T'sais veux dire, c'est rushant, mais cé qu'tu veux?

CAROLE

Ouain, ça t'dérange, c't'effrayant.

RIC

Crisse, j'pas pour me clancher avec! S'tu veux j'te dise, moi... j'trouve ça heavy, ça écœure, mais on est pas pour se mettre à tripper coupable! (*Temps.*) Heu... j'peux-tu faire de quoi? Tu veux-tu que j'resse icitte avec toi? Veux-tu qu'j'aille la voir? Que j'y parle? T'as rien qu'à l'dire...

si tu penses qu'y a d'quoi qu'on peut faire.

CAROLE

Ah, y a rien... y a rien pantoute qu'on peut faire. Je l'sais ben qu'on peut rien faire. On avait rien qu'à l'voir avant...

RIC

A te n'avait jamais parlé? J'a comprends, moi, t'sais... quand on r'garde ça: tu trouves el monde scrap en hostie... t'sais, ou ben tu passes ta vie collé sus l'tube, ou ben tu t'load à s'maine longue pour pouvoir toffer a run. M'as t'dire, un ben l'aut' c'pas l'top du top.

CAROLE

Ouain, j'sais... toute façon, ça écœure.

RIC

J'sais pas moi, mais m'semble si a l'avait eu plusse de fun. T'sais, j'veux dire s'défoncer d'temps en temps: ça fait du bien. Ça défoule, sti. Cé qu'tu veux, a était heavy, Jocelyne, c'tait pas l'genre sautée.

CAROLE

Cé qu'tu penses? A l'aurait ben voulu avoir du fun, mais ça arrive qu'on trouve el monde plate en hostie, qu'on soye pas capable d'les trouver l'fun.

RIC

Ben oui, mais sti, a buvait pas, a se g'lait rien qu'pour dire: c'pas assez pour trouver une gang de capotés ben drôles.

CAROLE

Pis c'pas assez pour que la gang de capotés la trouvent au boutte non plus.

RIC

Hestie, Carole, plogue-toi pas là d'sus: on joue pas à mére, on s'fait du fun. Si a marche pas là-d'dans, parsonne la force, on n'est pas pour s'forcer non plus.

CAROLE

T'étais-tu forcé, toi, la fois qu't'as été avec?

RIC

(*Soudain très mal à l'aise.*) Moi?... Jamais été avec.

CAROLE

Aye, Ric... t'sais...

RIC

Tu capotes, çartain, c'pas moé... tu veux-tu dire que j'l'aurais sautée?

CAROLE

Ouain, dans l'genre... tu t'en souviens pas? J'suppose que t'étais trop frosté?

RIC

Crisse, Carole, j'te l'dis: j'l'ai jamais sautée d'ma vie, Jocelyne!

CAROLE

Es-tu sûr? Crisse, es-tu gêné de l'dire?

RIC

Chus pas fou, j'm'en souviendrais. J'l'ai pas sautée, j'l'ai pas sautée! Crisse, r'viens-en!

CAROLE

O.k., o.k.... si tu l'dis...

RIC

J'dois l'savoir, han? (*Il rit.*) Ouain, fait chaud en crisse, icitte... (*Il se lève et viraille dans place.*) S'tu pour tout l'monde, c'café-là? J'peux-tu en prendre? Chus smashé en hostie, moi à matin.

CAROLE

Oui, oui, prends-en.

RIC

C'tait à fête à Pug, hier, on a bu du champagne sus l'bras. Ça swignait en crisse!

CAROLE

Ouain, j'ai vu ça quand j'ai téléphoné.

RIC

(*Se rassoit et montre le paquet de cigarettes de Carole.*) J'peux-tu?

CAROLE

Envoye!

RIC

P'tête que c't'un aut' gars... Vachon? Ça s'pourrait pas? Y avait l'air intéressé un m'ment donné...

CAROLE

Non, Jocelyne m'avait dit toi. Ça, chus sûre de t'ça.

RIC

Ah... a t'avait parlé d'moi?

CAROLE

Ouain, a me n'avait parlé...

RIC

Ah, ben...

CAROLE

J'pensais jamais qu'a l'inventait ça.

RIC

Première fois d'ma vie qu'une fille hallucine sus moi.

CAROLE

Ça doit t'faire plaisir... après c'que Martine a dit d'toi.

RIC

A l'avait pogné é nerfs, c'pas pareil... est correque, là.

CAROLE

T'es r'venu avec, ça l'air?

RIC

Ouain... c'est cool asteure.

CAROLE

Fait-tu longtemps?

RIC

J'sais-t-y, moi... deux mois...

CAROLE

Tins!... Ça fait à peu près deux mois qu'Jocelyne m'avait parlé de t'ça... t'es sûr que ça s'peut pas?

RIC

Sti, qué cé qui s'peut pas? J'y ai d'jà parlé, t'sais, ça m'est même arrivé d'passer une soirée avec. Si c'est ça qu'tu veux dire, ça s'peut.

CAROLE

Non, c'tait pas ça... entéka, ça avait pas l'air d'être rien qu'ça.

RIC

Ben oui, mais crisse, accouche! Dis-lé donc, on va arrêter d'rusher.

CAROLE

Ah, laisse faire...

RIC

Qué cé qu'a t'a dit? Dis-lé crisse... m'a te l'dire si c'est vrai!

CAROLE

Ben me semble qu'un gars s'en souvient han, quand une fille trouve que c'est l'plus beau trip d'amour qu'a l'a faite? Qu'a l'a jamais vu un gars aussi correque, pis aussi au boutte, pis tendre, pis fin, pis qui y a parlé... Cé qu'tu veux que j'te dise, moi, Ric, ça a l'air que c'tait la plus belle nuit d'amour qu'une fille peut rêver, pis toi, tu t'en souviens même pas! T'sais, y a d'quoi qui fitte pas là-d'dans...

RIC

(*Après un long temps.*) A l'a dit ça? Jocelyne?... a l'a dit ça?

CAROLE

Penses-tu qu'je l'inventerais? Pourquoi s'tu penses que j't'ai appelé?

RIC

J'en r'viens pas qu'a l'aye dit ça.

CAROLE

Pourquoi? C'tu vrai ou ben c'pas vrai? A l'a-tu inventé? M'as-tu finir par el savoir?

RIC

Qué cé qu'ça peut ben faire que tu l'saches, sti? Ça change-tu d'quoi?

CAROLE

Non, ça change rien... mais j'aimerais ben ça comprendre.

RIC

Moi avec, j'aimerais ça...

CAROLE

Tu comprends-tu ou ben tu comprends pas?

RIC

Sti, Carole, slacke, o.k.? Prends ça smooth.

CAROLE

Prends ça smooth, prends ça smooth... ma meilleure tchum se tire pis y faudrait que j'soye relax parce que ça t'énarve de m'entendre? Ben maudite marde, j'vas toujours ben essayer de l'savoir c'qui est arrivé!

RIC

Ça te r'garde pas, pis c'est toute!

CAROLE

'Coute-moi ben, Ric, j'veux pas savoir si tu l'as baisée ou pas, si t'as trippé fort ou ben pantoute, j'veux jusse savoir si l'gars, c'tait ben toi ou ben si a l'a toute inventé. S'tu clair?

RIC

Pis quand même que tu l'saurais, qué cé qu'ça va t'donner?

CAROLE

Ça va m'donner d'savoir si Jocelyne était rendue à s'conter des histoires d'amour qui ont jamais existé, ou ben si a n'avait eu une, rien qu'une... Ça y aurait toujours ben faite ça. J'pense pas qu'tu puisses comprendre ça, Ric, mais m'as te l'dire quand même: ça m'frait plaisir de savoir qu'a l'a eu une belle affaire d'amour dans sa vie, ça me f'rait du bien. C'est comme si ça m'consolerait! Fa que, si tu peux, si ça t'tord pas trop l'bras, tu pourrais faire ça pour moi, jusse me dire si c'est vrai qu't'as été avec elle, jusse me dire si a l'a eu ou pas son beau trip.

J'veux jusse savoir si c'tait toi, si c'tait vrai: j'te d'mande pas de m'conter les détails.

RIC

Ouain, o.k., o.k.... Crisse, c'qu'y a, c'est qu'je l'sais pas pantoute si a parlait d'la fois qu'j'ai été avec elle...

CAROLE

Tu y as été?

RIC

Ben oui... une fois, là, un soir... on s'tait ramassé chez eux...

CAROLE

Qui ça, on?

RIC

Ben, t'sais, elle pis moi... pas Plamondon, çartain!

CAROLE

Comme ça, c'est vrai? T'as été avec? A l'a rien inventé?

RIC

Ben, je l'sais pas, moi! Je l'sais pas quoi penser de t'ça, sti!

CAROLE

Ouain... vous avez pas l'air d'avoir été au même party!

RIC

A l'a dit ça? Toute c'que t'as dit? Pis t'es sûre que c'est d'moi qu'a parlait?

CAROLE

Cé qu'tu veux que j'te dise, moi... t'es l'seul gars qui y a faite c't'effet-là... tu l'savais pas?

RIC

Pantoute!... t'sais... un gars fait l'saut!

CAROLE

A l'avait l'air de trouver qu'tu y avais parlé, que pour une fois, quequ'un l'avait vue.

RIC

Ben çartain qu'on a parlé: crisse, j'sais vivre, chus pas un dégénéré.

CAROLE

BON! Ben, t'avais rien qu'à l'dire! Crisse t'es compliqué, Ric. Avais-tu peur que j'te fasse un procès? Pourquoi s'tu l'as pas dit tu-suite?

RIC

J'pensais pas que c'tait de t'ça qu'tu parlais!

CAROLE

Crisse, réveille! J'te parlais de c'te nuitte-là, d'la fois qu't'as été avec Jocelyne, pis qu'tu l'as faite virer sus l'top!

RIC

Ben oui, mais crisse, j'l'ai même pas baisée! (*Temps.*) T'sais, j'pouvais pas t'dire que j'l'avais baisée, j'l'ai pas faite! Tu comprends-tu ça, toi, ça pas marché!... J'ai rien faite, ça l'a fouerré mon affaire, j'tais pas capable de rien faire. Crisse, j'tais mal, moi... Pis là, tu m'dis qu'a m'a trouvé super... sti, qué cé qu'tu veux que j'te dise, moi... j'capote, j'comprends rien!

CAROLE

Ah, c'est ça... C't'à cause de t'ça qu'tu disais qu't'avais pas été avec.

RIC

Ben, t'sais, chus pas fou... je l'sais d'habitude c'qu'une fille veut.

CAROLE

Pis là?

RIC

Ben... j'tais pas capable... y a rien qui s'passait avec ça, flat, t'sais... fa que... j'y ai parlé... On a eu du fun pareil, a l'avait pas l'air de prendre ça trop heavy... crisse, un gars a d'l'air fou, j'tais mal. C'tait a première fois d'ma vie qu'ça m'arrivait. Quand j'me sus vu: j'te dis qu'un gars a envie d'mette ses culottes, pis vite! Est drôle, Jocelyne, ça avait presque l'air de rien y faire, a l'était relax, toute... pas d'problème. On a mis des disques... savais-tu ça, toi, qu'a trippait sus l'jazz? Première fille que j'rencontre qui trippe sus l'jazz! A m'a mis des tounes que j'connaissais même pas! A n'a un hostie d'paquet!... Fa que, on s'est bourré d'biscuits au beurre de peanut en écoutant Sam Taylor! Pis on faisait des graines dans l'lit à planche. C'est niaiseux, han, mais crisse qu'on a ri avec ça!... Ça d'l'air fou à dire, han, mais on dirait qu'ça l'a dégênée c'qui est arrivé: a jasait, envoye donc! Pis moi avec. Est correque en hostie, Jocelyne... a l'a pas rasseyé, t'sais, a l'aurait pu... vers les trois heures, là, on s'touchait pis toute...

mais a l'a pas asseyé, t'sais, a voulait pas baiser, on aurait dit, a voulait jusse être là, pis c'est toute. Première fois d'ma vie que j'couche avec une fille sans a sauter... pis c'tait pas plate, han, c'tait pas heavy... ben smooth... en premier, quand a s'est mis à m'toucher, la peur m'a pogné... mais a voulait pas ça, t'sais, ça s'sentait, pis moi, ben, j'avais envie d'la toucher, j'sais pas moi, d'y faire plaisir... ça l'air fou à dire, mais les filles din fois, t'é touche, t'sais, pour arriver à d'quoi, ben... pour les faire v'nir, heu... pis là, ben, c'tait pas ça, c'tait jusse pour la sentir pis y faire plaisir... On se r'gardait tout l'temps, on s' lâchait pas des yeux, a me r'gardait pis ça paraissait quand a l'aimait ça, on aurait dit qu'ses yeux v'naient plus grands... a t'a des yeux, c'fille-là... D'habitude, chus pas capable de r'garder quequ'un longtemps din yeux, j'cligne, t'sais, j'fatique, mais là... j'y ai même pas pensé! On a dû faire ça un bon bout d'temps, çartain, parce qu'un m'ment donné, y s'est mis à faire clair... y avait pus d'différence avec la lumière d'la lampe rose: quand y faisait noir ça faisait comme un rond rose sus sa peau, mais là, c'tait rendu égal partout... y d'vait être tard... a l'a fermé a lampe en passant son bras sus mes cheveux... pis a l'a dit queque chose, j'ai mal entendu, pis a s'est endormie, tranquillement, en m'tenant une oreille... pis moi, l'beau cave, j'voulais pus bouger pour pas la réveiller: j'vois encore el sac de biscuits sus l'lit, j'l'ai pas ôté, me sus t'endormi d'même, tout crampé. Mais j'tais ben, j'tais content... Jocelyne... t'as-tu d'jà r'marqué comme a pouvait avoir des yeux tristes, c'fille-là? Moi, din fois, ça m'mettait mal: des yeux tristes, là, qui te d'mandent queque chose, j'sais pas quoi, qui te r'gardent pour vrai tout l'temps, on dirait toujours qu'a l'attend qu'tu dises la vérité ou ben queque chose du genre... ah, j'sais pas comment dire ça... a nous r'gardait comme si c'tait important!

CAROLE

Ouain, j'sais c'que tu veux dire... Pis l'lendemain, cé qu't'as faite?

RIC

Comment ça, l'lendemain?

CAROLE

Ben oui... t'as-tu continué à voir?

RIC

Ben, on s'est vu, on s'est parlé... mais chus pas r'tourné chez eux par zemple.

CAROLE

Ah non?

RIC

Ben t'sais... À part de t'ça, Martine est r'venue dans l'décor, pis chus r'tourné avec.

CAROLE

Ah oui... pis, ça marche?

RIC

Avec Martine? Au boutte! Pas d'problème, ma fille...

CAROLE

Tu penses-tu qu'Jocelyne s'attendait qu'tu r'viennes?

RIC

J'avais rien promis, moi! C'tait une fois, d'même, en passant... pis on peut pas dire que j'tais Superman... a ben dû voir que j'tais r'tourné avec Martine.

CAROLE

C'est sûr qu'a l'a dû l'voir.

RIC

'Coute, Carole, c'est ben plate c'qui arrive là, pis si j'peux faire de quoi, j'vas l'faire... mais faut pas qu'tu penses que c'est d'la faute à parsonne c'que Jocelyne a faite.

CAROLE

Non, ben sûr... d'la faute à parsonne.

RIC

Pas plusse moi qu'toi, ou qu'n'importe qui d'aut'... t'sais, a n'a connu en masse des gars.

CAROLE

Oui, ça, je l'sais.

RIC

Entéka, t'sais, t'as pas d'affaire à prendre ça sus toi... (*Un temps.*) Aye Carole, j'peux-tu te d'mander d'quoi?

CAROLE

Ouain?

RIC

Ça t'f'rait-tu rien de t'nir ça mort c'que j't'ai conté? J't'ai dit ça d'même, à cause d'à matin, là, parce que j'comprenais rien dans toute ça... mais j'aimerais mieux qu'on tienne ça mort, o.k.? Ça t'fait-tu rien? Un gars a son orgueil...

CAROLE

(*Elle le regarde. Un temps.*) À qui c'est qu'tu veux que j'dise ça?

RIC

On sait jamais, des fois, tu pourrais... entéka, s'correque?

CAROLE

Parsonne va l'savoir.

RIC

(*Se lève.*) Crisse que chus racké, moi... penses-tu qu'chus mieux d'aller a voir? Penses-tu qu'ça peut donner d'quoi?

CAROLE

Est dans l'coma, t'sais... Ça d'l'air qui s'passe rien pantoute. Si tu penses que tu peux l'aider, tu peux toujours y parler.

RIC

J'vois pas pantoute c'que j'peux y dire pour l'encourager: j'trouve ça heavy en crisse, moi aussi. L'as-tu vue, toi? Est-tu ben scrap?

CAROLE

Non, chus pas allée.

RIC

Bon, ben... j'vas faire un boutte, moi. ... R'garde, là, Carole, quand a va s'réveiller, j'aimerais ça y parler... vas-tu vouloir m'appeler?

CAROLE

Sûr... mais si j'tais d'toi, j'irais tu-suite.

RIC

(*Un temps.*) Tu penses?

CAROLE

Je l'sais pas, Ric, fais c'que tu veux.

RIC

Ouain... tu viens-tu avec moi?

CAROLE

Non, m'as rester icitte encore un peu... m'as y aller plus tard.

RIC

Bon, ben, salut, Carole. Pis si y arrive de quoi, avartis-moi, o.k.? T'as l'numéro à Martine?

CAROLE

Oui, je l'ai s'correque. J'vas t'donner des nouvelles. Salut Ric!

RIC

Salut!

Il sort. Il hésite devant la chambre, puis entre. Lucie le regarde.

RIC

Heu... s'cusez... y a-tu du changement?

LUCIE

Non, rien, a l'a jusse l'air plus tranquille... T'es-tu un d'ses amis? Veux-tu la voir?

RIC

Ouain... a l'entend-tu?

LUCIE

Ça, je l'sais pas: faut qu'tu prennes une chance.

Ric s'approche du lit très lentement, très impressionné.

RIC

On dirait jamais qu'c'est Jocelyne.

LUCIE

Ben oui, avec les pansements, c'est sûr... Carole est encore là?

RIC

Han? Ah, oui... oui, jusse à côté.

LUCIE

Faut qu'j'aille... j'te laisse deux minutes pas plus.

Lucie sort.

RIC

Qué cé qu'tu veux j'te dise, moi... j'ai d'la misère à te r'connaître. Crisse, Jocelyne, fais pas a folle... si ça peut t'faire plaisir, on va faire une maudite foire quand tu vas r'venir... heu... je l'sais pas, moi, si t'as envie de m'parler, on peut toujours: crisse, c'pas parce que chus t'avec Martine qu'on est pas tchum, han? Jocelyne... c'est vrai qu'y a des bouttes heavy, mais y a des bouttes pas pires avec, han? Nous aut'... c'tait l'fun, même si ça pas marché? Tu vas voir, y en a en masse, des gars... o.k., y en a des hosties d'bottines, mais comme j'te connais, tu vas en trouver un pas pire... J'veux jusse te dire un affaire, Jocelyne... j'voulais pas t'faire de peine la fois que chus t'allé chez vous, c'est vrai, t'sais, j'voulais pas t'faire de peine ni d'accroire... pis c'est pas parce que t'es pas correque que ça l'a pas marché... t'sais... c'pas parce que t'es pas excitante pis toute... c'est moi qui filais pas pour ça, c'tait à cause de moi... entéka, ça d'l'air fou à dire, mais c'est d'même. Pis j'en connais en masse des gars qui diraient pas non... pis m'a t'en présenter sti! Bon, ben, salut, là Jocelyne. J'vas r'venir quand tu vas pouvoir parler.

Il sort. Tout de suite, la musique commence. Jocelyne chante. Lucie est dans la chambre.

Et puis les hommes de fer sont venus
Ils ont mis leurs mains impardonnables
Sur mon ventre
Ils ont déchiré le dedans de mes cuisses
Et leurs yeux tournés par en dedans
M'ont fait peur.

C'était des hommes avec des langues
Sans eau, des langues rêches et dures
Qui égratignent et râpent la peau
Des langues qui claquent des ordres
Des mains qui prennent les têtes
Des genoux qui écartent

Et puis ces sexes étrangers
Qui ne savent rien de nos douceurs
Qui foncent en nous sans rien sentir
Et qui nous glacent jusqu'aux seins
Ces sexes étrangers se battent
Se débattent jusqu'à déchirer
Sans les voir, leurs propres splendeurs.

Les sexes étrangers conduisent
Les hommes de fer à travers moi
Jusqu'à leur vision intérieure
Vision qui ne me regarde pas.

Quand la chanson se termine, Jocelyne est près du piano. Lucie va dans la salle d'attente en vitesse, affolée.

LUCIE

Ça marche pus pantoute, Carole. On vient d'appeler les parents, est en apthné, respiration chain-stoke, a s'en va... a nous file din mains...

La musique recommence tranquillement.

CAROLE

Non... non...

LUCIE

On peut rien faire, Carole. Veux-tu la voir avant qu'les aut' arrivent?

CAROLE

Non, empêche-la... empêche-la.

LUCIE

On a toute faite. Toute. Toute l'équipe est là, on asseye tout c'qu'on peut, mais...

Musique plus forte. Jocelyne est attirée par le piano.

Quelque chose se déchire
Lentement et sans arrêt
Comme un dernier désir
Une terrible envie de paix.

LUCIE

Carole, veux-tu y parler, la voir... avant qu'y soye trop tard...

CAROLE

Pftt! Avant qu'y soye trop tard! Comme si c'tait pas toute réglé! Comme si c'tait pas encore un hostie d'burn! A veut pas, tu l'sais ben, a veut pas!

LUCIE

Faut qu'j'y aille, Carole. T'es correque, han? Ça va?

CAROLE

Ah oui, ça... moi, chus correque.

La musique continue, la même chanson se poursuit.

Venez, venez me chercher
Il est déjà tellement tard
Il est déjà tellement trop tard
Pour la beauté, ce rêve raté.

CAROLE

Qué cé qu'tu veux que j'te dise, han? Qué cé qu'tu penses que j'peux trouver, asteure? Y est ben qu'trop tard! Y est tout l'temps trop tard! C'est toujours quand toute est faite, qu'on s'fait avartir. On peut jamais rien faire pour parsonne. Y a toujours un beau crisse qui est passé avant toi pis qui a toute scrapé! Tu l'savais ben que j'tais là, tu l'savais ben, pourtant! Pourquoi qu't'as pas attendu? Pourquoi qu'tu m'laisses là tu-seule comme une tarte qui asseye de t'rattraper? J't'aimais, moi, maudite marde! J'te l'ai pas assez faite voir, j'te l'ai p'tête pas assez dit, mais tu l'savais, t'avais pas d'affaire à faire ça, pis à m'laisser là, tu-seule. Qué cé qu'ça peut ben faire, ton père pis ta mère? T'étais ben assez grande pour t'en passer. Penses-tu qu'y font, moi, mes parents? Penses-tu qu'toute était parfait? Penses-tu qu'y en a pas des bouttes oùsque j'passerais mon temps à brailler tellement c'est désespérant, pis plate, pis triste... Qué cé qu'tu penses, donc? Qu'c'est facile pour le resse du monde? Qu'les gars sont mieux avec moi, ou ben plus fins, ou ben plus vrais? Penses-tu qu'j'me l'paye, moi, l'luxe d'aimer l'monde? J'ai pas les moyens d'aimer parsonne, pas plusse que toi, pis j'continue pareil. Moi aussi j'travaille dans une maudite place oùsque parsonne me voit, pis j'vas aller boire à soir dans un bar où les gars vont encore faire les mêmes maudites farces plates, pis j'vas rire, pis j'vas boire, pis j'vas p'tête même partir avec un gars, pis ça va être comme d'habitude, pas mieux pis pas pire... pis c'est d'même, pis on vit pareil. En tu cas, on est supposé d'vivre pareil. Pis t'as rien qu'à t'enligner, Jocelyne Trudelle, pis à faire comme tout l'monde. Si tu penses que t'es tu-seule dans ton cas, tu t'trompes! Chus pareille, moi, pis j'toffe, crisse, fa que t'as rien qu'à toffer! Arrête de faire à ta tête pis d'en d'mander plusse qu'les aut', arrête de m'laisser tu-seule!... Jocelyne, crisse... si tu lâches, qué cé que j'vas faire, moi? Comment j'vas faire pour continuer: on s'parlait au moins, on s'comprenait m'semble, on chialait ensemble, ça, au moins, on l'avait. Ça faisait avant, Jocelyne, ça faisait, pourquoi ça f'rait pus? J'vas être là, j'te l'jure, j'vas être là, j'vas toffer, m'as t'encourager, moi, m'as t'parler, tu vas voir... on s'en crisse ben des aut', y ont rien qu'à pas nous aimer... tu vas voir, Jocelyne, j'vas t'amener faire des pique-niques oùsque c'est beau pis vert, pis on va prendre des vacances en Europe, on va sacrer not'camp, on va aller voir ailleurs... si tu penses qu'y a queque chose qui me r'tient icitte... Jocelyne, Jocelyne Trudelle, dis-moi qu'y a queque chose à faire, dis-moi qu'c'est pas fini, dis-moi qu'y a un trou queque part par où on peut s'en sortir, queque chose qui s'rait moins pire... Jocelyne, si tu m'laisses tu-seule, chus même pas sûre d'avoir envie, chus pas sûre pantoute de trouver ça assez drôle icitte pour toffer... si t'es là, ça peut faire... au moins chus sûre d'être en vie. Qué cé qu'tu penses que ça fait aux aut' que j'me sente morte ou pas? Jocelyne, j'ai besoin qu'tu soyes là, j'ai besoin d'en voir une qui est comme moi, pour être sûre que chus pas folle. Laisse-moi pas tu-seule avec ça, Jocelyne, t'étais pas tu-seule... j'te l'jure, chus là, moi... lâche-moi pas, Jocelyne, fais-moi pas ça! Les aut', y partent tout l'temps, y s'en sacrent tellement. Y sont capables de toffer tu-seuls eux aut', mais pas moi, pas moi... j'vas être là, j'te l'jure, on va s'ramasser encore, on va s'tenir... P'tête que j'ai été croche, mais là, j'vas être là, Jocelyne, j'te lâcherai pas, lâche-moi pas!

Piano. La chanson continue.

Je vais le rejoindre, je ne suis plus là
Je te parle à travers mille nuages
Tu me regardes et tu n'as pas vu
Qu'à l'instant, je m'étends dans ses bras.

Les yeux avides, le ventre ouvert
Le sexe offert, je tremble d'elle
Je n'ai plus d'air, qu'un immense frisson
Et la certitude de ses mains
Je cambre, m'écartèle, m'ouvre
Tout entière donnée
Tout entière aspirée par elle
Fascinée, enfin reconnue
Elle me boit, me prend
Et je lui tends mon âme entière
Vibrante, délirante dans son souffle
Qui m'enveloppe, me porte
Suppliante, exaltée, tendue
Vers son silence, cette plage enfin
Déserte, brûlante, bannie comme moi
Et qui consent à l'absolu.

Jocelyne a rejoint le pianiste.

CAROLE

Tu m'as rien dit! T'as faite comme tout l'monde, t'es pas mieux, Jocelyne, pas mieux... Va-t'en pas, laisse-moi pas... t'es rien qu'une hostie d't'en aller, laisse-moi pas tu-seule... Eh, maudite marde que j'aimerais ça être hier...

Lucie entre, défaite et très triste. Elle regarde Carole et ne dit rien. Carole fait non de la tête et recule.

CAROLE

O.k. d'abord... o.k.... maudite marde...

Lucie s'assoit. Les parents sont dans la chambre. La mère assise, les yeux secs. Le père qui marche cigarette au bec. On entend l'enregistrement suivant qui serait comme des nouvelles de radio.

VOIX

Le 23 mai 1980, à l'âge de vingt et un ans, est décédée,

Un arrêt. Le père arrête et crie au public.

GEORGES

Accidentellement!

Carole réagit brusquement et crie aussi

CAROLE

NON! Est morte exprès, pis désespérée... Jocelyne Trudelle est morte exprès, suicidée...

Elle se dirige vers la sortie en passant dans le public.

CAROLE

Jocelyne Trudelle est morte dans ses larmes... étouffée, noyée dans ses larmes.

Carole sort. Les nouvelles continuent.

VOIX

Le 24 mai 1980, à l'âge de vingt-deux ans, est décédée subitement mademoiselle Carole Prévost. Elle a été trouvée sans vie dans l'appartement d'une de ses amies décédée récemment. La police croit à un suicide...

L'éclairage diminue sauf section piano. Le pianiste joue. L'air sera repris par enregistrement. Seule chanson chantée par les deux filles (Carole et Jocelyne) qui ne sont plus sur scène. Pendant la chanson, on devrait voir seulement l'infirmière de nuit défaire le lit et laisser les draps en tas par terre en refaisant le lit. L'éclairage diminue progressivement pendant la musique de la fin de la chanson.

Et voilà
La peur s'est enfuie
Laissant dévastée
Une large plage
Vidée.

Pas un souffle
Pas un son
Pas un frisson
Sur ce sable blanchi.

La mer aussi
S'est retirée
Fidèle, elle
À ses marées.

Et je suis là
Debout
Lavée à tout jamais
D'une certaine enfance.

Trop tard pour la beauté
Le soleil s'est couché
Sans gala pour ce soir
Car tout est arrivé.

FIN

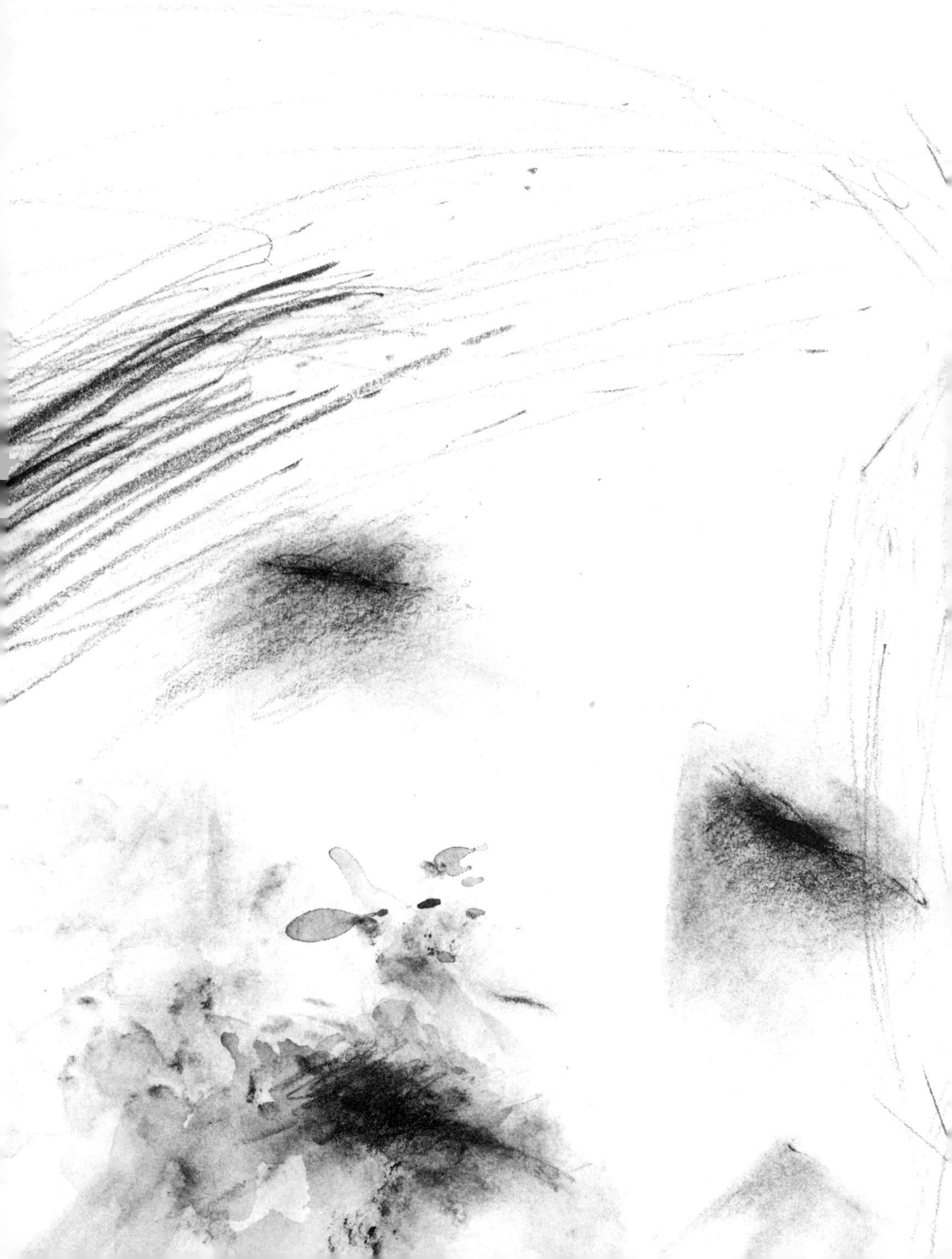